Ich bin der, der dich finden will

Jugendroman

Ich bin der,
der dich finden will

Lena Kaubisch

Autor: Lena Kaubisch
Verlag: Meinbestseller.de
Coverdesign: Lena Kaubisch
ISBN: 9789462543454
März 2015
1.Auflage

Für meine Nayer

„Momente scheinen keine Ahnung
davon zu haben,
wie wichtig sie zuweilen sind.“

Titellied: *Photograph*
von Ed Sheeran

Prolog

Neill POV:

"Hallo?", vernahm ich zaghaft und leise ihr Stimme. Die Stimme, die es schaffte mein Herz schneller schlagen zu lassen. Die Stimme, welche mich nervös machte und für das Kribbeln im Bauch sorgte. Die Stimme, die mir ein Lächeln ins Gesicht zauberte. Die Stimme, die dafür verantwortlich war, dass ich keinen klaren Gedanken fassen konnte. Die Stimme, die ich für immer hören wollte.
"Hallo?", fragte sie wieder.
Ich erwachte aus meinen Gedanken und antwortete: "Hi, ich bin es."
Doch statt einer Antwort von ihr herrschte Stille.
"May? Ich bin es Neill!"
"Ja, hab dich schon verstanden.", bemerkte sie im Flüsterton.
"Kann ich mal mit dir reden?"
Der Regen hatte noch nicht aufgehört und auch in keiner Weise nachgelassen. Man hatte eher das Gefühl, dass es gar nicht mehr aufhören wollte. Ich vernahm, wie sie den Hörer der Sprechanlage aufhing. Verdutzt lief ich einen Schritt zurück und sah nach oben zu ihren Fenstern. In der Küche brannte noch immer das Licht und es dauerte nicht lang, als es auch im Treppenaufgang an ging.
Ich konnte eine Gestalt ausmachen, welche die schwermütig Treppen hinunter kam und sofort wusste ich: sie war es.
Mein Herz verschnellerte erneut seinen Rhythmus und schlug wie wild gegen meinen Brustkorb. Ich fing an, an den Händen leicht zu schwitzen. Beunruhigt strich ich sie immer wieder an meiner Jeans ab, in der Hoffnung, dass sie etwas trocknen würden.
Als die Tür auf ging, stand sie da: meine May. Ihre dunkelblonden langen Haare hatte sie wie sonst auch zu einem unordentlichen

Zopf zusammengebunden. Sie trug eine graue Jogginghose und ein blaues Top.
Leicht ängstlich blickte sie mich an.
"Was ist denn?", fragte sie mit Blick auf den Boden.
Sie sollte mich ansehen, nicht den Boden! Ich trat auf sie zu und hob vorsichtig mit meinen Fingern ihr Kinn.
"May...", fing ich an, stockte aber als sie mir in die Augen sah und nicht an mir vorbei. Da waren sie wieder, ihre grau-blauen Augen, die mich einfach aus dem Konzept brachten. Sie sah mich mit leicht verwirrten Ausdruck an, da ich noch immer meine Finger unter ihrem Kinn hatte. Schnell nahm ich sie weg, was ein kleines Lächeln bei ihr hervor rief.
"May...ich...äh...!", stotterte ich.
Man! Bis eben hatte ich noch voll den Plan gehabt, was ich sagen wollte, doch kaum hörte ich nur ihre Stimme oder sah sie, schon war alles gelöscht. Ich merkte, dass ich keinen Satz rausbekommen würde und überlegte es deswegen ganz spontan anders zu machen.

Ich beugte mich nach vorn, während ich eine Hand in ihren Nacken legte und sie sanft festhielt. Es war nur ein kurzer Moment bis ich ihre Lippen auf meinen spüren konnte. Sie waren warm und vorsichtig und sorgten dafür, dass ich nicht mehr wusste was rechts und links war. Das Chaos in meinem Bauch und in meinem Kopf nahm immer mehr überhand. Ich fing an meine Lippen gegen ihre zu bewegen und konnte es nicht glauben, sie erwiderte den Kuss! Meine May!
Am liebsten hätte ich ewig so da gestanden, doch ich löste mich langsam von ihr und sah sie an.
Ihre Wangen hatten leichte Röte und ich musste schmunzeln.
"May ich liebe dich!", platzte ich dann einfach mit der Wahrheit raus.
Ihre Augen schweiften auf den Boden, bevor sie wieder ihre Aufmerksamkeit auf mich richtete.

"Ich dich auch!"
Dann war es um mich geschehen. Ich hob sie in die Luft und drehte mich mit ihr im Kreis. Ihr Lachen wurde immer lauter, während sie ihre Arme fest um meinen Nacken schlang. Behutsam setzte ich sie auf den Boden wieder ab, hielt sie jedoch an der Hüfte fest, damit sie sicheren Halt hatte. Freudestrahlend lächelte sie mich an, ihre Arme immer noch um meinen Hals. Da konnte ich nicht anders und legte erneut meine Lippen auf ihre.

Kapitel 1 - Planung

Neill POV:

Erschöpft sank ich auf meinem Stuhl zusammen. Ich war ziemlich erschöpft und müde.
"Neill hörst du zu?", fragte mich John.
Verschlafen sah rieb ich über mein Gesicht und rutschte auf meinem Stuhl nach vorn.
"Bin wach, bin wach.", antwortete ich schnell, damit mich John in Ruhe ließ, auch wenn es gelogen war.
Wir hatten es ziemlich früh am Morgen und mit ziemlich früh mein ich 4.25 Uhr und sprachen den Plan für die nächsten Tage durch. Unsere Tour war neu gestartet, aber dennoch hoffte ich, dass die Auszeit sich bald nähern würde, da ich keine Kraft mehr hatte. Die Träume, die ich in der Nacht immer hatte, nahmen mich zu sehr mit und erinnerten mich an Kleinigkeiten, von denen ich nicht wusste, dass es sie gab.
"Also, unsere nächsten Tourdaten sind in England, Irland..."
John legte eine Pause ein und sah mich eindringlich an. Fragend zog ich meine Augenbraue hoch und blickte von ihm zu den Jungs.
"Was?"
"Ich hätte jetzt mit einem Freudenschrei gerechnet. Irland Neill!", warf er ein.
Ich schüttelte meinen Kopf. "Später, wenn es eine normale Zeit ist können wir nochmal drüber reden."
"Na okay, weiter im Text. Wir fliegen also morgen nach Irland, wo es am Abend gleich noch auf ein Schiff geht. Mit diesem fahren wir nach Dublin und dort werden ein paar Fans eine Autogrammstunde von euch erhalten, live Interviews bekommen und ihr werdet auch live singen. Dann folgen Konzerte hier in England und all der andere Kram, der dazu gehört und zum Ende

geht es dann nochmal nach Irland. Das wäre die Kurzfassung."
"Bin begeistert.", sagte James ironisch.
"Also fliegen wir nach Irland, um dann wieder nach England zu kommen, um dann wieder nach Irland zu fliegen?", fragte Lewis.
John ging alles kurz nochmal durch, bevor er bestätigend nickte.
"Und wo ist da der Sinn?", wollte Edward wissen.
"Fragt mich nicht. Das war nicht mein Vorschlag."
"Also würde ich mal sagen, fertig werden und auf geht es. Ihr habt eine halbe Stunde um startklar zu sein.", sagte er und verließ damit den Raum.
"Ich mag nicht!", quengelte ich rum, während James mir aufmunternd auf die Schulter haute.
"Wird schon."
Mit einem Ist-schon-klar-Blick sah ich ihn an.
Ich folgte den anderen in die Küche, um mir eine Tasse Kaffee zu genehmigen, um annähernd wach zu werden.
"Und wie hast du geschlafen?", fragte mich Edward.
Ich nahm einen kleinen Schluck von meinem Kaffee, da dieser noch ziemlich heiß war und antwortete: "Geht so."
Lewis hob fragend eine Augenbraue hoch und meinte: "Hast du wieder geträumt?"
"Wie meinst du das?", stellte ich mich unwissend, obwohl ich genau wusste, worauf er hinaus wollte.
"Stell dich nicht dumm Neill, du hast wieder von May geträumt. Ich merk es an deiner Laune."
Er hatte recht, ich hatte wieder von ihr geträumt. Und das Schlimme ist, ich kann nichts dagegen machen. Ich kann mir nicht aussuchen, was ich träume oder von wem ich träume.
"Was merkst du an meiner Laune?", wollte ich wissen und sah ihn fragend an.
"Jedes mal wenn du irgendwie von ihr geträumt hast, bist du nachdenklicher oder in dich versunken. So bedrückt, weißt du was ich meine?"

Still nickte ich. Es stimmte, ich war nachdenklicher, denn jedes Mal kam die Frage hoch: Was wäre wenn...? Was wäre, wenn sie gleich gesagt hätte, dass sie Mailey ist? Was wäre, wenn ich sie doch noch erreicht hätte? Was wäre, wenn ich ihren Brief eher erhalten hätte? Was wäre, wenn die Begegnung im Café unsere einzige gewesen wäre? Was wäre, wenn sie nie die Briefe geschrieben hätte? Wäre ich glücklicher? Was wäre geworden, wenn sie damals geredet hätte? Ich weiß es nicht und ich werde es nie wissen!
"Von was hat es denn diesmal gehandelt?"
Ich fuhr mit meinem Finger den Rand der Kaffeetasse nach und betrachtete die schwarze Flüssigkeit.
"Sie war da gewesen. Sie kam doch noch an die Sprechanlage, wir haben geredet und uns zum Schluss geküsst.", sagte ich in der Kurzfassung.
Alles was in dem Moment von James kam, war ein tiefer Seufzer.
"Ich fürchte nach einem Jahr, bist du immer noch nicht über sie wirklich hinweg."
"Ich weiß nicht.", sagte ich leise. "Frage ist auch, ob da jemals was war."
"Hast du denn schon mal überlegt, dir jemanden zu suchen, der wiederum nach ihr sucht.", meinte Edward.
"Wieso interessiert dich das?", hakte ich nach.
"Na ja, ich fand sie auch ganz niedlich."
Sofort spannte sich meine Oberkörper an, und ich funkelte Edward zu.
"Schon gut, beruhige dich. War nur ein Scherz!", meinte er grinsend.
"War es gar nicht!", widersprach ich ihm.
"Stimmt.", mit diesen Worten verschwand der Lockenkopf durch die Küchentür und ich sah ihm verdutzt hinter her.
"Nimm es nicht so schwer.", meinte Lewis, während er seinen Teller und seine Tasse in die Spüle stellte, "Der Junge hat

manchmal so seine Phasen."
"Manchmal?!"
Unsere Unterhaltung wurde von John unterbrochen: "Ihr seid ja immer noch nicht weiter! Jetzt aber zackig! Los wir starten in zehn Minuten nach Dublin!"
Ich stellte meine Tasse, die noch zur Hälfte gefühlt war, auf dem Tisch ab und flitzte in mein Zimmer.

War ich froh, dass ich gestern schon gepackt hatte. Zack war zu faul gewesen und musste heute noch eher aufstehen, als so schon, um sein ganzes Zeug zusammen zu suchen. Ich kramte mein weißes Shirt von meinem Stapel Klamotten und zog es mir über. Dann folgte noch meine rote Strickjacke, während ich nebenbei versuchte in meine weißen Sneackers zu kommen.
"Mist!", schimpfte ich, als ich merkte, dass es doch nicht so recht ging, wie ich es mir vorgestellt hatte. Ich schnappte meinen Koffer, sah mich noch einmal im Zimmer um, ob ich auch wirklich alles mit hatte und nichts liegen ließ und schloss dann meine Tür. Ich hob den Koffer hoch und ging Schritt für Schritt die Treppe hinunter, als mir auf halben Weg einfiel, dass ich noch etwas vergessen hatte. Ich überlegte wo ich mit dem Koffer hin sollte, bis ich mich kurzerhand dazu entschloss, ihn für den Augenblick einfach auf der Stufe stehen zu lassen. Ich nahm zwei Stufen mit einmal, öffnete meine Tür und ging zu der anderen Seite meines Bettes. Ich wusste es! Ich hatte zwei ihrer Briefe liegen lassen. Ich schnappte mir die farbigen Umschläge und steckte sie in meine hintere Hosentasche. Gestern hatte ich sie wieder einmal raus gekramt und mir durchgelesen. Gerade als ich die Tür schließen wollte, hörte ich ein wütendes "Neill!". Oh oh, Edward hörte sich nicht glücklich an.
Ich flitzte zu der Stelle, wo mein Koffer stand und sah in Edwards verärgertes Gesicht.
"Pass gefälligst auf, wo du dein Koffer das nächste Mal abstellst!", schimpfte er.

"Pass du doch auf wo du hingehst!", konterte ich zurück.
Der Lockenkopf strich sich immer wieder mit der Hand über sein Schienbein und neben ihm lag sein Koffer quer. "Oder du nimmst einen kleineren Koffer. Dann kannst du auch sehen, wo du hinläufst!", ärgerte ich ihn und ging dann die restlichen Stufen hinunter zum Auto.
Nachdem alle eingetroffen waren, früher oder später, konnten wir Richtung Flughafen starten, von welchem wir direkt weiter nach Dublin fliegen sollten.

Kapitel 2 – Besuch kommt

Mailey POV:

"Bailey, beeile dich doch mal!", rief ich genervt nach oben. Wir waren schon zehn Minuten zu spät.
"Ich kann mich aber nicht entscheiden!", rief sie aus ihrem Zimmer.
"Du musst ja auch nicht mitkommen!"
"Ich will aber auch Alice beim Flughafen abholen!", antwortete sie.
"Dann mach hin, ich bin im Auto und wenn du nicht fertig wirst in den nächsten Minuten, fahr ich ohne dich!"
Mit diesen Worten schnappte ich mir meinen Autoschlüssel und trat in die Küche.
"Grammy, ich fahr jetzt zum Flughafen!", informierte ich sie. Sie saß wie üblich auf der Fensterbank ihren Blick nach draußen gerichtet. Es regnete in Strömen und sie liebte dieses Wetter. Genau wie unsere Insel. Obwohl, eigentlich war es keine Insel. Wir lebten, wenn man es genau nahm auf einer Halbinsel.
"Wer kommt denn?", wollte sie wissen und wandte ihren Blick vom Fenster zu mir.
"Meine Freundin, Alice kommt doch zu Besuch!", erinnerte ich sie.
"Ach, stimmt ja. Oh soll ich da vielleicht irgendwas Schönes kochen? Ich meine wir müssen doch deinem Besuch auch etwas anbieten.", meinte sie und sah sich fieberhaft in der Küche um. Wahrscheinlich war sie gerade am Überlegen, was sie denn schnell zubereiten könnte.
"Nein nicht nötig. Ich werde mit Alice noch ein wenig weg bleiben und außerdem dauert es zu lange bis wir wieder zurück sind. Also bis dann."
"Viel Spaß euch und fahrt vorsichtig!", sagte sie noch, bevor ich wieder die Tür schloss.

"Bai!", rief ich noch einmal nach oben und trat dann aus unserem Haus. Von Howth bis Dublin war es noch eine ganz schön lange Fahrt und ich wollte nun wirklich nicht, dass Alice warten musste, nachdem sie mich nach fast einem Jahr endlich besuchen kommt! Ich schloss das Auto auf und startete schon mal den Motor, damit es wenigstens ein bisschen warm wurde. Fünf Minuten, in denen ich schon ernsthaft überlegt hatte, doch noch loszufahren, kam Bai dann endlich zum Auto gerannt. Wenn ich abgefahren wäre, hätte sie sich wenigstens vielleicht ihre Unpünktlichkeit abgewöhnt. Sie schaffte es trotz ihren sechs Jahren sich immer zu verspäten und das war ein Punkt, denn ich überhaupt nicht leiden konnte.
"Können wir jetzt also auch starten?!", meinte ich sarkastisch und trat auf das Gaspedal.

Wir fuhren die Auffahrt von unserem Haus runter auf die Bundesstraße und von da an, Richtung Dubliner Flughafen.
"Ich mach Musik an!", meinte Bai und drückte den großen Knopf. Sofort schallte 'Timber' durch die Musikanlage des Autos und da Bai dieses Lied zu Hause hoch und runter hörte, drehte sie nochmal so richtig auf. Je näher wir Dublins Flughafen kamen, um so aufgeregter war ich. Ich hatte solange darauf gewartet Alice wieder zu begegnen.
Man merkte aber auch, dass der Verkehr in der Nähe des Flughafens dichter wurde.
"Ist heute irgendwas Besonderes hier?", fragte ich Bai.
Mit den Schultern zuckend sah sie nach draußen. "Keine Ahnung." Natürlich, wie sollte auch ein so kleines Mädchen Ahnung haben. Sie konnte ja noch nicht mal lesen!
"Ich mag Dublin viel mehr als Howth.", meinte sie mit dem Blick nach draußen, als ich in die Straße zum Flughafen einbog. Gerade als ich herum biegen wollte, musste ich eine Vollbremsung machen.
"Was ist denn das?", schimpfte ich und machte eine Geste nach vorn. Bai richtete ihren Blick darauf und sah die ganzen Massen

von Mädchen, welche mit Plakaten durch die Gegend zogen und somit die Einfahrt blockierten.
Genervt legte ich den Rückwärtsgang ein und fuhr zurück. Ich überlegte schnell, wie ich noch dahin kommen konnte und dabei die Massen so gut es ging umfahren würde. Mir fiel die eine Straße ein und sofort änderte ich meine Fahrtrichtung. Mit einem Blick auf die Uhr erkannte ich, dass Alice Flieger entweder schon da sein müsste oder jede Minute eintreffen würde.
"Immer ist irgendwas!", schimpfte ich, als ich meine Tasche vom Rücksitz nahm, das Auto abschloss und wir uns auf den Weg zum Eingang machten.
Bai lachte kurz vor sich hin. Ich hatte meine kleine Schwester an die Hand genommen und sah verwirrt zu ihr hinunter.
"Was ist denn daran lustig?", fragte ich neugierig.
"Meistens ist immer so etwas wenn man spät dran ist.", bemerkte sie.
Ich konnte mir jetzt auch ein Lachen nicht verkneifen und schüttelte grinsend meinen Kopf. Wo sie recht hat, hat sie recht. Das Bai mit Schuld war, dass wir spät dran waren, ließ ich mal einfach so stehen. Die Kleine war für ihr Alter schon ganz schön schlagfertig.
"Du bleibst an meiner Hand!", warnte ich sie, da sie die Begabung besaß irgendwas zu entdecken und mich los zulassen, um da hin zu gehen.
"Bai?!"
"Ja, ich bleib an deiner Hand!", antwortete sie und rollte dabei ihre Augen.
"Fräulein, dass hab ich gesehen!"

Die Massen wurden immer enger und ich drückte Bai näher an meinen Körper, um sie nicht zu verlieren. Nach einigen Drängeln hier und da, traten wir ein. Komischerweise wurde es in der Wartehalle besser mit den Massen von Menschen.

Ich blickte auf die große Anzeigetafel und sah, dass der Flug aus Oxford schon vor zehn Minuten gelandet war.
"Klasse, wenn man Verspätung bräuchte kommt alles pünktlich!"
Bai und ich marschierten zu dem Ausgang für die gelandeten Passagiere und es dauerte nicht lange, bis ich die schwarzen Haare meiner Freundin ausmachen konnte.
"Alice!", rief ich wie eine Verrückte und winkte hin und her, um sie auf uns aufmerksam zu machen. Ein Jahr hatte ich sie nicht mehr gesehen. Und glaubt mir ein Jahr kann eine harte Zeit sein, aber zum Glück leben wir in dem Zeitalter, wo es Handy, Telefon und Internet gibt.
"May!", quiekte sie nun, als sie mich sah. Ich ließ Bai los und lief meiner besten Freundin in die Arme. Stürmisch begrüßten wir uns.
"Ich hab dich so vermisst!", sagte sie.
"Oh ich dich auch. Ich hab schon alles vorgerichtet, dein Zimmer und mir schon überlegt, was wir alles machen können und -"
"Hol erst mal Luft!", unterbrach sie mich grinsend. "Ist Bai auch mit?"
Stimmt! Ich hatte sie einfach so losgelassen, vor lauter Freude Alice wiederzusehen!
"Ja eigentlich...", ich drehte mich um und sah in die Richtung, aus der ich gerannt war. Und zum Glück stand meine Kleine noch genau da.
"Ja, sie steht da dort." Mit dem Finger zeigte ich in die Richtung.
"Bai kommst du?"
Während Bai langsam und verschüchtert auf uns zu lief, meinte Alice: "Groß ist sie geworden und total hübsch. Aber das ist ja nicht weiter verwunderlich bei der Schwester."
Grinsend stieß ich ihr mit meinem Ellbogen in die Seite, was sie kichern ließ.
"Hey, na Bai wie geht es dir?", fragte Alice, als sie in die Hocke ging.
Schüchtern ergriff Bai meine Hand und sah auf den Boden.

"Gut."
"Eigentlich ist sie nicht schüchtern, nur wenn sie jemand zum ersten Mal trifft oder lange nicht gesehen hat.", flüsterte ich zu Alice. Verstehend nickte sie. "So na los, lasst uns nach Hause fahren."
Alice ergriff ihren Koffer und gemeinsam machten wir uns auf dem Weg zu meinem Auto durch die Massen. Ein bisschen waren sie schon weniger geworden, aber wirklich weg waren sie noch nicht.
"Oh ich bin voll aufgeregt dir hier alles zu zeigen!", sagte ich und schloss das Auto auf. Bailey krabbelte auf den Rücksitz und Alice setzte sich auf den Beifahrerplatz.
"Bevor du los fährst, hab ich noch was für dich!", sagte sie grinsend und holte mit diesen Worten einen Briefumschlag aus ihrer Tasche.
"Ich hab doch gesagt du sollst mir nichts mitbringen!", protestierte ich, doch sie hielt ihn mir einfach stumm entgegen.
"Nun nimm schon."
Voller Neugierde nahm ich den Umschlag und öffnete ihn.

Kapitel 3 – Ereignisreicher Tag

Neill POV:

"Neill?", rüttelte mich jemand an meiner Schulter. Verschlafen sah ich auf und in Zacks grinsendes Gesicht.
"Ja, was?", wollte ich wissen.
"Wir sind in Irland, Junge!"
Verstehend nickte ich und ließ dann meinen Kopf aber wieder auf das Kissen fallen, welches ich mir zwischen Schulter und Fenster geklemmt hatte, um wenigstens annähernd eine bequeme Schlafposition zu haben. Mein Blick glitt zu Lewis. Auch er hatte noch seine Augen geschlossen und kuschelte sich in seine Decke. Ich atmete einmal tief durch und sah durch das kleine Fenster vom Flugzeug nach draußen. Es war mittlerweile schon hell geworden und die Stadt Dublin lag vor uns. Ich rieb über meine Augen und zog meine Jacke an, bevor ich Lewis kurz wachrüttelte.
"Los geht es!", rief John und klatschte einmal gut gelaunt in seine Hände. Verständnislos schüttelte ich meinen Kopf und ging an ihm vorbei.
"Dich kriegt auch keiner wach, wie?", stänkerte John.
"Doch, aber nicht mit so einer temperamentvollen Art."

Nach einiger Zeit war jeder von uns wach und hatte seinen Rucksack oder seine Tasche und wir verließen das Flugzeug. Ich tippelte die Treppen runter, während ich nebenbei John zuhörte, wie er den Tagesplan für heute nochmal zusammenfasste.
"Wir steigen jetzt ins Auto und fahren zum Hafen. Von da aus werdet ihr auf das Boot steigen und könnt eine Stunde verschnaufen, bevor der Soundcheck ist. Also Vorbereitungen werden schon getroffen für euer Interview und eure Autogrammstunde. Danach werdet ihr ein paar Lieder von eurem

Album 'Sunshine in the Dark' singen und dann können wir abends wieder zurück fliegen."
Unerwartet blieb James stehen, was zur Folge hatte, dass ich mit aller Kraft in ihn hineinlief. "Wie wir fliegen abends noch zurück?" Fragend sah ich ebenfalls John an. "Heute Abend fliegen wir noch nach Oxford zurück und das nächste Konzert wird morgen dort stattfinden."
Bei dem Wort 'Oxford' durchfuhr mich ein Schmerz und alle Erinnerungen kamen wieder hoch. Völlig in Gedanken ging ich weiter, um endlich zu dem Auto zu gelangen und möglichst alles zu vergessen.

Mailey POV:

Ich öffnete neugierig den Umschlag von Alice und eine Karte kam zum Vorschein. Fragend sah ich sie an, doch sie grinste nur vor sich hin.
"Was ist das?", fragte ich.
"Schau doch einfach mal rein.", meinte sie.
Ich drehte die Karte um und konnte lesen: "Für meine Süße" und daneben war ein riesiges Herz abgebildet. Als ich die Karte aufschlug stand drin 'Für einen freien Friseurtermin deiner Wahl'. Lachend sah ich sie an. "Das hast du dir gemerkt?"
"Klar merke ich mir, wenn du sagst, das du am überlegen bist, ob du dir vielleicht Strähnchen machen lassen solltest. Und dann dachte ich so hey, das wäre ja genau das richtige Geschenk für dich."
Ich beugte mich vor und umarmte sie.
"Danke!"
"Und da wir heute schon mal hier sind und du gesagt hast, dass in Howth nicht viel los ist, bin ich sehr dafür, dass wir heute shoppen gehen und uns neue Frisuren verpassen lassen!", grinste sie. Ich überlegte kurz, bevor ich begeistert nickte.

"Und ich?", fragte Bai von der Rückbank.
"Gibt es hier so etwas wie ein Kinderspielparadies?", fragte mich Alice leise, was mich zum Lachen brachte.
"Du glaubst doch nicht im Ernst, dass sie sich noch in so etwas aufhält! Das ist doch viel zu, warte ich zitiere: 'Kindisch'."
"Das hab ich gehört!", schimpfte Bai und verschränkte beleidigt ihre Arme vor ihrem Oberkörper. Alice und ich sahen uns an, bevor wir uns beide grinsend umdrehten und gemeinsam : "Aw!", sagten und dann lachen mussten.
"Du kannst doch solange ich mit Alice durch die Stadt pilgere, bei Kathy spielen gehen. Vielleicht hat die ja Zeit.", schlug ich vor und augenblicklich war meine kleine Schwester Feuer und Flamme.
"Oh ja."
"Wer ist Kathy?"
"Ihre Freundin vom Kindergarten.", erklärte ich ihr und legte den Gang ein, um endlich vom Parkplatz zufahren.

Als wir in die Straße der Browns einfuhren, atmete ich erleichtert auf, als ich das Familienauto dastehen sah.
"Was ist?"
"Sie sind wahrscheinlich da."
"Und was wenn nicht?", meinte Alice und sah sich die Straße genauer an. Hier waren nur Villen, die eine größer als die andere. Der Rasen vor deren Grundstücken trotzte nur so vor grün und jede Familie von ihnen versuchte sie andere in irgendeinem Punkt zu übertreffen. Egal ob Auto, Klamotten, Hund, Grünanlagen oder was weiß ich. All der Prunk und die Pracht stießen mich eher ab, als das ich sie anziehend fand. Ich meine was ist das für ein Leben? Man ist die ganze Zeit arbeiten oder unterwegs, um sich so etwas leisten zu können, dass man nicht genießen kann, weil die Zeit dazu fehlt. Die Männer haben nie die Chance ihre Familien zu sehen, oder die Entwicklung ihrer Kinder mitzuerleben. Die Frauen mussten sich ganz allein um die Erziehung der Kinder kümmern, obwohl wahrscheinlich wurde noch eine Nanny

beschäftigt, die zum Schluss eine engere Bindung zu dem Kind hatte, als die eigentliche Mutter. Und so was nennt sich eine glückliche Familie. Nein, das war exakt das Gegenteil, von dem was ich mir vorstellte mal zu haben. Keinen Mann oder Freund, der den ganzen Tag nur auf Arbeit war. Er musste Zeit für mich haben, die Kleinigkeiten im Leben lieben und für mich da sein. So jemand, denn ich anrufen konnte, wenn es mir schlecht ging und der in meiner Nähe ist, um mich trösten zu können. So jemand brauchte ich. Das spürte ich, jemand der mir Sicherheit gab und alle anderen Jungs oder Männer kamen erst gar nicht in die engere Auswahl.
"Ich staune manchmal nur, dass Bai mit ihnen spielen darf.", flüsterte ich leise, als ich das Auto auf der Auffahrt parkte und wir alle drei ausstiegen.
"Ich geh klingeln!", rief Bai begeistert und rannte schon zur der massiven Haustür.
"Man sind die reich!", staunte Alice, als sie sich umsah.
"Sag ich doch."
"Ah, Bailey was machst du denn hier?", rief Mrs. Brown. Schnell lief ich zu den beiden und begrüßte sie.
"Schön dich auch wieder zu sehen Mailey. Wie geht es dir denn?"
"Danke, ganz gut."
"Und Bailey will zum Spielen bleiben?", fragte sie.
Bestätigend nickte ich.
"Wenn Ihnen das keine Umstände machen würde."
"Ach im Gegenteil. Kathy freut sich über Besuch."
Das glaubte ich gerne. Mir würde in so einem riesigen Haus auch langweilig werden.
"Wenn Sie wollen kann Bailey auch gern über Nacht bleiben.", bot Mrs. Brown an.
"Bailey hier schlafen? Äh, ich weiß nicht."
Meine kleine Schwester hatte natürlich alles aufgeschnappt und fing sofort an zu betteln.
"Ach bitte May. Ich bin auch lieb! Bitte, bitte, bitte!", flehte sie,

während sie dramatisch ihre Hände zusammenfaltete und einen Schmollmund zog.
"Du hast gar keine Sachen hier!", bemerkte ich.
"Ach!", winkte Mrs. Brown ab, "Daran soll es nun wirklich nicht scheitern. Bailey kann was von Kathy bekommen."
"Nun gut! Aber benimm dich!"
"Danke, danke, danke!", stürmisch umarmte sie mich, was mich lächeln ließ.
"Ich hol sie dann morgen früh ab.", sagte ich zu Mrs. Brown und blickte den beiden hinter her.
"Machen Sie sich keinen Stress. Gut, dann sehen wir uns morgen."
"Ja, auf Wiedersehen und danke nochmal."

Als ich auf dem Weg zum Auto war, hörte ich Bai nochmal rufen.
"May!"
Ich drehte mich um, und sah sie mit vollem Tempo auf mich zurennen.
"Na?"
"Ich hab vergessen dir Gute Nacht zu sagen!", meinte sie völlig außer Puste und drückte mir im selben Moment einen Kuss auf die Wange, ehe sie sich wieder umdrehte und davon flitzte.
"Was ist nun mit ihr?", wollte Alice wissen, welche in der Nähe des Autos gewartet hatte.
"Bis morgen früh weg!", grinste ich.
"Du weißt was das heißt?", meinte sie und wir lachten uns beide an.
"Girlsnight!", riefen wir, bevor wir ins Auto stiegen und losfuhren.

Kapitel 4 – May

Mailey POV:

"Also wo wollen wir hin?", fragte ich mit einem kurzen Blick zu der Schwarzhaarigen.
"Keine Ahnung, du wohnst hier und nicht ich."
"Gut dann fahren wir als Erstes ins Zentrum."
Ich setzte den Blinker und fuhr auf die angrenzende Spur, um die nächste Ausfahrt ab zufahren. Nach zehn Minuten Fahrt hatten wir das Auto geparkt, unsere Taschen genommen und spazierten durch die Einkaufsstraßen. Alice Koffer hatten wir im Auto gelassen.
"Hast du eigentlich mal wieder von Neill gehört?", fragte sie mich, während sie sich bei mir einhakte.
"Nein. Wieso?"
"Ich frag ja nur."
"Du fragst nie nur so."
"Ja okay!", gab sie bisschen genervt zurück. "Ich fand ihn nur süß und ihr...", fing sie an, brach aber ab, als sie ein Kleid im Schaufenster entdeckte. Ich lief ihr neugierig hinterher.
"Ihr was?"
"Ist das nicht hübsch?!", fragte sie, wobei es eher wie eine Feststellung klang, als wie eine Frage.
"Natürlich. Aber was wir?"
"Ihr saht niedlich aus zusammen.", beendete sie ihren Gedanken. "Ich muss das Kleid anprobieren!"
Und ehe ich mich versah, stand ich allein vor dem Schaufenster. Konnte ich nur hoffen, dass ihr das Kleid gefiel und es passend in ihrer Größe gab, ansonsten konnte ich bestimmt zehnmal zwischen Umkleide und Kleid hin und her rennen, um es entweder

in einer anderen Größe oder Farbe zu bringen. Und ich hasste Klamotten einzukaufen.

Nachdem sie sich dann aber doch entschieden hatte, es nicht zu nehmen, konnten wir weiter gehen. Jedenfalls bis zum anderen Geschäft, wo es dann eine Hose war, die ihre volle Aufmerksamkeit erregte.
"Alice, ich hol mir von gegenüber mal ein Kakao und warte auf der Bank draußen auf dich!"
"Geht klar. Aber ich brauch mal kurz noch deine Meinung."
Ich drehte mich um, und sah ihr zu, wie sie sich von links nach rechts drehte, um sich in dem Spiegel anschauen zu können.
"Findest du die zu eng?"
Ich überlegte. "Nein!"
"Ist die zu weit?"
"Nein."
"Unmodern? Steht sie mir?"
"Alice sie passt zu dir. Du musst aber wissen, ob du sie haben willst, nicht ich!", stellte ich fest und verließ danach den Laden. Zum Glück standen in dem Café nicht so viele an, sodass ich relativ schnell meinen Kakao bekam. Denn Kaffee trank ich noch immer nicht.

Neill POV:

"Checken wir nicht in ein Hotel ein?", fragte Lewis.
"Nein, weil es heute Abend doch gleich wieder nach Oxford geht!", erinnerte ihn Edward.
"Trotzdem hätte ich gern etwas gehabt, wo ich mich zurückziehen könnte!"
"Kann ich verstehen!", stimmte ich Lewis zu. Ich war auch nicht scharf darauf auf dieses Boot zu gehen.
"Jungs, ihr könnt euch auf dem Boot ausruhen, verstanden?"

Bejahend nickten wir und es trat wieder Stille ein. Vor uns lag ab jetzt ein straffes Programm. Angefangen über das Erreichen des Bootes, über die Proben, das tatsächliche Treffen, bis zur Rückkehr nach Oxford.
Ich lehnte meinen Kopf an die getönte Fensterscheibe und sah nach draußen. Ringsum uns waren Motorradfahrer, die dafür sorgen sollten, dass uns kein Fan vor das Auto rannte und wir sicher ans Ziel kommen würden.

Dublin war in voller Bewegung. Die Menschenmassen strömten durch die Straßen und manchmal beneidete ich sie drum, dass sie einfach leben konnten. Sie mussten nicht darauf bedacht sein wie oder was man äußert oder sich immer gut zu benehmen, damit es zu keiner schlechten Presse kommt. Aber auf der anderen Seite war ich froh mein Leben zu haben so wie es war, denn es war etwas besonderes. Doch manchmal konnte man sich trotz der Menschen, der Jungs, die immer um einen waren, sich auch einsam fühlen. Jedenfalls ging es mir manchmal so.
Ich war gerade völlig in Gedanke versunken, als ich in dem kurzen Moment, indem wir vorbei fuhren, ein Mädchen sah.
"May!", rief ich und klopfte gegen die Scheibe, als ich mich schnell umdrehte, um noch durch die Rückscheibe einen Blick erhaschen zu können.
"Was?", fragte James.
Aufgeregt drehte ich mich zu ihm um. "Da saß May!"
Zack schüttelte nur lächelnd den Kopf. "Neill komm wieder runter!"
"Sofort anhalten!", meinte ich zum Fahrer und klopfte ihm auf die Schulter.
"Tut mir leid, dass darf ich nicht!", meinte dieser nur und bog auf die nächste Straße ab.
"Da war aber May! Ich hab sie ganz deutlich gesehen!", beteuerte ich.
Doch an den Blicken, die mir die Jungs zuwarfen, konnte ich nur

Mitleid erkennen. Sie glaubten mir nicht.
"Wir wissen ja, dass du sie vermisst!", sagte Lewis leise. Doch ich wandte meinen Blick wieder aus dem Fenster, als könnte ich sie dadurch noch einmal sehen.
"Sie saß da!", murmelte ich vor mich hin.
Ich hatte sie gesehen. Ihre wartende Körperhaltung, den Becher, den sie in der Hand hielt und ihre langen dunkelblonden Haare. Ich war mir sicher, es war May gewesen. Allein der Gedanke, dass sie hier war, ließ mich nervös werden.
Würde sie heute Abend da sein? Könnte ich mit ihr reden? Würde sie sich freuen mich zu sehen? Hatte sie mich auch vermisst, wie ich sie? Würde sie einen Neuanfang wagen?
Doch diese Fragen würden ungeklärt bleiben, solange ich ihr nicht gegenüber stand.
"Neill, wir sind da!", klopfte mir James auf den Oberschenkel und stieg aus.

Vor uns war ein großes weißes Schiff, welches an der Seite einen blauen Streifen hatte. Kaum war der Erste von uns Fünf ausgestiegen, fing das Kreischen der Fans an, die sich vor dem Boot befanden. Fröhlich winkend gingen wir ins Innere des Schiffes.
"Wow!", staunte ich.
"Das ist ja ein halbes Haus!", meinte Edward begeistert und grinste uns an.
"Aber echt!"
"Ich würde sagen, wir zeigen euch eure Kabinen und dann kommt ihr runter und wir starten mit dem Soundcheck."

Kapitel 5 – Oh nein

Mailey POV:

Als ich Alice aus dem Geschäft austreten sah, stand ich auf und lief ihr entgegen.
"Ich dachte schon, du bist darin vielleicht gestorben oder so!", neckte ich sie.
Als Antwort steckte sie mir die Zunge raus und gab mir mit einer Handbewegung zu verstehen, dass sie gerne von meinen Kakao probieren wollte.
"Irgendetwas interessantes passiert?", fragte sie mich, bevor sie einen Schluck nahm.
"Nur eine Kolonne von Motorradfahrern und ein getöntes Auto sind lang gefahren, ansonsten alles still!", grinste ich. "Gut?"
"Oh der schmeckt wirklich sehr gut. Ich würde vorschlagen, wir suchen uns jetzt einen Friseur und starten was Neues!"
"Bin dabei!", stimmte ich ihr zu. "Auf jeden Fall spannender, als dir zuzusehen, wie du von einem Laden in den anderen marschierst!"

Wir traten in den nächsten Friseurladen ein, der auf dem Weg war und setzten uns zum Warten auf die freien Plätze.
"Hast du schon eine Idee, was du dir machen lassen willst?", fragte ich meine Freundin.
Sie legte ihren Kopf leicht schief und antwortete: "Ich glaube, ich will sie wieder ein bisschen kürzer schneiden lassen. So wie damals, weißt du?"
Bestätigend nickte ich. Ihre schwarzen Haare reichten ihr mittlerweile bis zu den Schultern und so kannte ich sie wirklich nicht.
"Finde ich gut."
"So der Nächste bitte!", rief die Friseurin.

Mit einem Blick zu mir meinte Alice: "Mach du als Erste!"
Also nahm ich meine Tasche und setzte mich auf den Stuhl.
"Was soll es denn sein?", fragte die Frau mich durch den Spiegel.
"Ich hätte gerne ein paar Strähnchen.", sagte ich.
"Eine bestimmte Vorstellung?"
"Nein, hätten Sie einen Vorschlag?"
Kritisch betrachtete sie meine Haare, bevor sie aufstand, um etwas zu holen und mit einer Art Block wieder kam.
"Zu deinen dunkelblonden Haaren würde ich etwas Helles empfehlen.", äußerte sie ihre Meinung. "Wie wäre es mit hellblond und vielleicht vereinzelt ein paar roten Strähnen?"
Ich überlegte kurz. Wollte ich wirklich rote Strähnchen haben? Doch wir waren hier, um etwas Neues auszuprobieren und so stimmte ich schließlich zu. Sie zeigte mir eine Farbauswahl und beriet mich, während eine andere bei Alice anfing die Haare zu schneiden.
Es dauerte seine Zeit, eh die Farbe auf die Haare aufgetragen werden konnte, eingewirkt hatte und sie diese auswusch. In mir kribbelte es, so gespannt war ich auf mein Neues aussehen.
"Sollen die Haare auch geschnitten werden?"
"Vielleicht die Spitzen, dass wäre lieb."
So kurze Haare wie Alice würde ich mir nicht zutrauen. Dazu hatte ich auch nicht das Gesicht und außerdem liebte ich meine langen Haare einfach zu sehr, als das ich mich von ihnen hätte trennen können.

Nach einer Stunde war sie fertig, meine Haare trocken geföhnt und ich betrachtete mich im Spiegel. Alice stand hinter mir und quiekte in mein Ohr.
"Das sieht echt toll aus!", schwärmte sie.
Auch ich strahlte über das ganze Gesicht und war mehr als nur glücklich.
"Los gehen wir!"
Alice bezahlte und ich bedankte mich ganz doll bei ihr.

"Ich freue mich gerade so!", grinste ich.
"Dann ist ja gut! Ab und zu musst du auch mal an dich denken."
"Weißt du was? Ich habe Lust ans Meer zu gehen.", sagte ich und sah sie auffordernd an.
"Ans Meer?"
Begeistert schnappte ich ihre Hand und zog sie hinter mir her.
"Wir gehen zum Hafen und setzten uns dort einfach mal in eine Cocktailbar und ich lade dich ein."
"Klingt gut."

Lachend schlenderten wir den Weg zum Hafen entlang.
"Mensch was ist denn hier los bei euch?", fragte Alice leicht genervt. "Am Flughafen war auch schon so ein Monsterbetrieb."
Schulterzuckend sah ich mich um. "Ich hab keine Ahnung. Ich hab nicht groß Zeit immer auf dem Neusten zu sein.", antwortete ich ihr.
"Egal. Wir werden schon noch in einer Bar einen Platz finden."

Wir beide blieben direkt am Hafen vor einem großen Schiff stehen. Genau hier standen Unmengen von Mädchen.
"Gibt es da drin was umsonst?", fragte Alice mit einem Grinsen auf dem Gesicht.
"Keine Ahnung. Aber da steht ein Schild 'Keine Plakate' und die ganzen Sicherheitsmänner. Ich weiß nicht..."
"Genau, also darfst du kein Plakat hoch halten 'Ich will auch das was die wollen'.", lachte sie.
Ich betrachtete das Boot genauer, als ich jemanden auf Deck stehen sah.
"Ach du liebe Zeit!", rief ich und drehte mich augenblicklich um.
"Was denn?", hakte Alice nach.
"Auf dem Deck!", flüsterte ich, als ob er mich hören könnte.
"Was ist da?"
"Schau doch mal genauer hin WER da ist!", gab ich zickiger als gewollt zurück.

"Nein, dass glaub ich jetzt nicht. Das ist ja ein großes Wiedersehen heute. Neill!", schrie sie laut und winkte.
"Spinnst du?!", erschrocken zog ich schnell ihren Arm herunter und legte meine Hand auf ihren Mund. "Sei leise!", sagte ich ernst.
"Okay, ist ja gut."
Ich nahm langsam meine Hand von ihrem Mund und sah sie warnend an.
"Ich finde es trotzdem witzig!", lachte sie.
"Ha ha, ich überhaupt nicht und könnten wir jetzt vielleicht mal in eine Bar. Auf den Schreck brauche ich erst recht etwas zu trinken."
"Nö. Ich bleib noch hier und genieße die blonde Aussicht!", feixte sie. Verärgert boxte ich ihr gegen den Arm.
"Das ist nicht lustig!"
"Finde ich schon. Was macht der denn hier?"
"Keine Ahnung!", gab ich genervt zur Antwort.
"Entschuldigung?" Überrascht drehten wir uns zu dem Mädchen um, das neben uns stand.
"Habt ihr vielleicht Interesse an zwei Karten? Meine Schwester und ich können da jetzt nicht hingehen, weil unserer Mutter ein extrem wichtiger Termin dazwischen gekommen ist und wir dabei sein müssen.", erklärte sie mit traurigem Gesicht.
"Wie kommst du drauf, dass wir daran Interesse hätten?", patzte ich sie an.
"Deine Freundin hat erst ganz laut Neill geschrien!"
Ich lachte einmal hämisch auf. Hauptsache das Mädchen war die Einzige, die es gehört hatte.
"Oh ja. Ich kauf sie dir gerne ab."
Mit weit geöffneten Augen sah ich Alice an.
"Wehe!", warnte ich sie.
Doch zu spät, das Mädchen ging mit dem Geld weg und Alice wedelte mit den Karten vor meiner Nase herum.
"Na dann such dir mal einen Dummen, der dich dabei begleitet, denn ich ganz sicher nicht!"

"Als dumm würde ich dich nicht bezeichnen, Süße. Nur vielleicht als stur."
"Ich geh da nicht rein!", stellte ich klar.
"Mensch May, dort sind ein Haufen Mädels. Da fallen wir nicht auf und vielleicht sollten wir erst mal einen Cocktail trinken gehen. Dann wirst du auch ruhiger werden."
"Willst du mich etwa betrunken machen?"
Mit diesen Worten zog sie mich in Richtung Bar. In meinem Innern teilte sich gerade alles. Auf der einen Seite wollte ich ihn gerne wiedersehen und war es nur von fern. Aber auf der anderen Seite wollte ich soweit weg wie nur möglich, aus Angst vor der Realität.

Neill POV:

"Ich geh mal an Deck!", informierte ich die Jungs und lief die Stufen nach oben.
Hier war es gleich viel kälter, als eine Etage darunter. Der Wind pfiff einem ganz schön um die Ohren und ich schloss meine Jacke. Von hier oben hatte ich eine schöne Aussicht. Die Fans schrien immer noch wie verrückt, seit wir an ihnen vorbei gelaufen waren und ich winkte ihnen kurz zu.
Ich war mir sicher, dass ich May heute gesehen hatte. Mein Mädchen würde ich trotz der kurzen Zeit die wir zusammen gehabt hatten, überall wiedererkennen.
Ich ließ meinen Blick an der Promenade entlang schweifen, als mir zwei Mädchen ins Auge fielen. Die eine Schwarzhaarige zog die andere mehr hinter sich her, als das sie normal nebeneinander laufen würden.
"Das sind Alice und-"
"-May!", beendete Lewis meinen Satz.
Erschrocken sah ich ihn an. Er stand genau neben mir, den Blick in die gleiche Richtung gerichtet.

Kapitel 6 – Alles oder Nichts

Neill POV:

Ich musste jetzt schnell reagieren. Einen letzten Blick warf ich über meine Schulter, um noch einmal sehen zu können, wo May und Alice ungefähr waren, als ich dann auch schon die Treppen nach unten rannte oder hüpfte besser gesagt. Wohl weißlich hielt ich mich am Geländer fest, als ich einmal, von meinem Schwung den ich inzwischen drauf hatte, ins Stolpern kam.
"Wo willst denn hin?", rief Lewis mir hinterher.
"Wohin wohl?!"
Ich rannte um die Ecke, als auch schon Zack vor mir stand und ich mit aller Kraft gegen ihn stieß.
"Meine Güte, was hat dich denn gestochen?", rief er noch. Doch ich hatte keine Zeit zu verlieren. Ich musste von dem Schiff runter und zu ihr. Und mit jeder Minute die verstrich, verschwand sie auch immer mehr von der Nähe des Bootes und meine Möglichkeiten sie nach kurzer Zeit aufzufinden, sanken von Minute zu Minute.
"Er will zu May!", hörte ich Lewis den Schwarzhaarigen informieren.
"Wie, ist sie doch da?"
Anscheinend folgten die beiden mir, denn statt das sich ihre Stimmen entfernten, kamen sie immer näher.
"John!", schrie Lewis ganz laut.
Mist! Wenn John mich noch aufhalten würde, hätte ich gar keine Chance mehr vom Schiff zukommen. Denn er würde mich garantiert nicht runter lassen, dorthin wo die ganzen Fans warteten. Ich verspürte langsam ein Stechen in meiner Seite und in meinem Mund fehlte jegliche Spucke. Ich hatte schon den Gang erreicht, der nach draußen führte, als ich am Shirt festgehalten

wurde.
"Wo willst du hin?", fragte mich James.
Mich mit meinen Händen auf den Knien abstützend antwortete ich: "Zu May." und rang dabei fürchterlich nach Luft. Ich sollte in Zukunft wohl besser Ausdauer machen, als Krafttraining. Denn anscheinend würde sich nie etwas dran ändern, dass ich dem Mädchen hinterher rennen würde. Ich muss mich ja nur damals an die Situation im Café erinnern.
"Du gehst nirgendwo hin!", vernahm ich nun auch Johns Stimme.
"Doch John. May ist da draußen.", widersprach ich ihm.
"Nichts da."
Aufgebracht drehte ich mich um und wollte gehen, als er sich vor mich stellte. So muskulös wie er war, hatte ich keine Chance durch den engen Gang an ihm vorbei zu kommen. May war jetzt schon garantiert weiter weg, als erst.
"Ich weiß du verstehst das nicht, aber bitte ich muss da raus und mit ihr reden. Ich muss sie sehen!", erklärte ich mit Nachdruck und sah ihn bittend an.
"Weißt du, wie schwer es ist, euch vor den Fans da draußen zu beschützen?", versuchte er mir ins Gewissen zu reden.
"Ein bisschen?", gab ich leise nach. "Aber für mich?", sah ich ihn bettelnd an.

Als er einen tiefen Seufzer von sich gab, wusste ich das ich eine Chance hatte und er es möglich machen würde.
"Es werden dich aber drei Männer zur Sicherheit begleiten."
Schnell nickte ich. "Ich will aber auch mit.", warf Edward ein.
Überrascht drehte ich mich um und sah ihn an. "Wenn sie dich nicht will, vielleicht hat sie ja Interesse an mir.", sagte er mit einem frechen Grinsen, welches mich fast an die Decke springen ließ.
"Na dann los. Du sagst wohin du willst und die Männer folgen euch."
In meinem Innern schlug mein Herz mit rasendem Tempo. Ich

konnte es mir auch erklären: ich würde sie gleich vor mir sehen, ihre grau-blauen Augen, ihr Lachen, ihre schüchterne Art. Einfach mein Mädchen, das vom ersten Moment mein Herz hatte, ohne es zu wissen.

Mailey POV:

"Betrinken ist auch keine Lösung!", meckerte ich Alice an.
"In deinem Fall könnte es aber nicht schaden, also nimm schon einen Schluck."
Alice hatte mich in die nächstbeste Bar geschliffen und mir einen Cocktail bestellt. Obwohl ich ihr die ganze Zeit versichert hatte, dass ich auf Garantie nichts trinken würde, kam ich jetzt dennoch leicht ins Grübeln, denn der orange-rotfarbene Cocktail machte mein eigentliches Vorhaben nicht leichter, die Situation und die Ananas die am Glasrand steckte, außen vor gelassen.
Na gut. Ich griff zu dem 'Sex on the Beach' und nahm einen Schluck. Alice wusste leider genau mit welchem Getränk sie mich ködern konnte und dieser gehörte nun wirklich zu meinen Lieblingscocktails.
"Ich bin schon tierisch aufgeregt auf dann!", meinte sie und klatschte begeistert in die Hände.
Schwer schluckte ich die Flüssigkeit hinunter, als ich mich fast daran verschluckte.
"Ich will da nicht hin!", murmelte ich und drehte den Strohhalm zwischen meinen Fingern.
Ab und zu nahm auch Alice einen Schluck von ihrem Kokos-Erdbeer-Cocktail.
"Wieso? Ich versteh dich nicht."
"Das wirst du wahrscheinlich auch nicht.", bemerkte ich und sah verträumt nach unten.
"Versuch es mir zu erklären.", forderte sie mich auf.

"Es ist so: du schwärmst für jemanden.", fing ich an, "Obwohl für jemand ist auch verkehrt. Angenommen du hast für einen Jungen geschwärmt. Hast du da jemand?"
Ich wollte es ganz genau an ihrer Situation fest machen und nicht pauschal.
"Vielleicht Samu Haber, von Sunrise Avenue?", meinte sie.
"Genau, was würdest denn du davon halten, wenn du total für ihn schwärmst und deine tiefsten Gefühle aufschreibst, alles was du nie jemanden sagen oder anvertrauen würdest. Dann irgendwann triffst du ihn und merkst, du magst ihn wirklich. Stellst aber fest, dass er all genau das über dich weiß. Ich kam mir dann so bloßgestellt vor. Und nicht zu vergessen Samu ist ein Star und tausende von Mädchen oder Frauen würden dir den Kopf einhauen, wenn sie auch nur annähernd das erleben könnten, was du erlebst."
Ich machte eine Pause und atmete einmal tief durch.
"Kannst du es jetzt ein bisschen verstehen?", fragte ich sie.
Still nickend, bejahte sie.
"Noch dazu kommt, dass ich ihn ohne Grund angelogen habe.", erinnerte ich sie. "Ich möchte ihn einfach nicht wieder sehen, weil dann alles hoch kommt und ich habe auch keine Ahnung wie ich mit der Situation umgehen soll und deswegen will ich ihn glaube nicht sehen."
"Aber seine Musik oder besser gesagt die Musik von Soulpainters hörst du noch, oder?"
"Ja, der Vorfall ändert ja nichts an ihren Stimmen.", lachte ich.
"Gut dann gehen wir nachher zum Konzert, um ihre Stimmen zu hören!", sagte Alice mit fester Stimme.
Genervt stöhnte ich auf und ließ für einen Moment meinen Kopf auf meine verschränkten Arme fallen.
"Du hast es wohl nicht verstanden, wie?!"
"Doch schon, aber mach dir nicht in die Hosen! Dort sind so viele Mädchen, da fallen wir beide nicht sonderlich auf. Und außerdem würde ich sie schon ganz gerne mal wieder sehen."

Verwirrt blickte ich meine Freundin an.
"Wieso das denn?"
Schulterzuckend und lächelnd nahm sie ein Schluck von ihrem Cocktail.
"Raus mit der Sprache!", forderte ich.
"Ich mag die Jungs."
Abschätzend wartete ich auf mehr.
"Der eine sieht ganz niedlich aus.", fügte sie leise hinzu.
"Welcher?"
"Der Braunhaarige."
"Alice die sind alle mit Ausnahme von Zack braunhaarig! Außer das Neill seine Haare noch blondiert."
"Na der, der immer bei Neill ist."
"Edward?"
"Nein. Der andere."
"Bleiben ja nur noch zwei.", meinte ich grinsend.
"Der schon so erwachsen wirkt."
"Okay, dass ist James."
"Ja, denn finde ich ganz nett."
"Die Story wird ja immer besser.", meinte ich ironisch und trank von mein Glas.
Ich hatte jedoch nicht geahnt, dass meine Worte Wirklichkeit werden würden. Denn als ich sah, wer durch die Tür trat, blieb mir für einen kurzen Augenblick der Atem weg.
Was machte zum Donnerwetter Neill nochmal hier?

Kapitel 7 – Sprachlos

Mailey POV:

Schnell sah ich vom Eingang weg, in der Hoffnung, dass Alice meinem Blick nicht gefolgt war und ihn nicht entdeckt hatte. Ich musste sie ablenken, irgendwie, aber auch gleichzeitig versuchen nicht seine Aufmerksamkeit auf mich zu ziehen.
Was machte er außerdem hier? Hatte er mich etwa gesehen und suchte mich? Nein, bestimmt nicht. Es wäre ein Wunder, wenn er sich überhaupt noch an mich erinnern würde, bei den ganzen weiblichen Fans die er hatte. Oder hatten sie nochmal Freigang bevor das Konzert anfing? Was auch immer es war, dass er hier auftauchte, er durfte uns nicht sehen und sie ihn nicht!
"Was magst du denn an James?", versuchte ich Alice abzulenken. Fragend zog sie ihre Augenbraue hoch und nahm einen Schluck von ihrem Getränk.
"Alles okay?"
Zu schnell nickte ich. "Ja, wieso?", fragte ich scheinheilig, wobei ich genau bemerkte, wie meine Stimme zu zittern begann. Jetzt wurde ich auch schon wie eine von den Fans die in Ohnmacht fallen oder kein Wort heraus bekommen, nur weil sie ihn sahen.
"Was ist denn los mit dir?", wollte sie wissen.
Spontan griff ich zu meinem Glas und trank einen großen Schluck, bevor ich einmal tief durchatmete. Überlege Mailey! Auf die Toilette zu gehen, war glaube nicht die beste Idee oder? Nein, dann hätte Alice nichts zu tun und würde sich umsehen und ihn entdecken und vielleicht noch zum Schluss herholen? Was sollte ich nur machen? Aus dem Augenwinkel nahm ich wahr, wie er durch die Bar schritt.
"Bist du sicher, dass es dir gut geht?", hakte Alice erneut nach. "Du bist so fleckig im Gesicht!"

"Wie fleckig?"
"Sowas wie Stressflecken."
Wenn sie nur wüsste, unter welchem Stress ich gerade stand.
"Nein, alles in Ordnung. Ich bin nur ein bisschen aufgeregt wegen dann.", versuchte ich sie so gut wie es ging zu beruhigen. "Erzähl doch mal, wie war denn dein Flug überhaupt."
Ich hoffte sie mit diesem Thema von mir abzulenken und gleichzeitig mich möglichst unauffällig zu verhalten.
"Ach außer das ein Mann neben mir saß, der die ganze Zeit furchtbar laut geschnarcht hat, ging es eigentlich. Obwohl die Stewardess...."
Ich konnte mich beim besten Willen nicht konzentrieren. Wie schaffte es ein einziger Junge nur, einem so den Kopf zu verdrehen und ein Chaos anzurichten, dass man nicht mehr normal denken konnte? Nervös begann ich am Saum meines Pullovers zu spielen und ihn aufzurollen, nur um ihn dann paar Sekunden später wieder glatt zu streichen. Wo war er nur? Neill war aus meinem Blickfeld verschwunden.
"Und weißt du was dann war?", erschrocken zuckte ich zusammen, als Alice mir mitten in ihrer Erzählung auf den Oberschenkel schlug.
"Nein.", antwortete ich beiläufig.
"Die hat doch tatsächlich gemeint: 'Also wissen sie...."
Ich musste es riskieren. Ich musste einen Blick in den vorderen Teil der Bar riskieren, um mir einen Überblick zu verschaffen, wo er war oder ob er vielleicht schon wieder gegangen war. Ich ließ meinen Blick über die Massen streifen und sah eine rothaarige Frau, einen dicklichen Mann, der sich wahrscheinlich zum Ziel gesetzt hatte, hier nicht mehr alleine heraus zu gehen ohne gestützt zu werden, so viele Flaschen wie er auf dem Tisch schon vor sich stehen hatte. In der Raucherecke konnte ich den Blondschopf auch nicht entdecken, doch dann bei der Biegung sah ich seinen suchenden Blick.

Ich wusste nicht wieso, aber in dem Moment als ich ihn sah, hatte ich das Gefühl, dass mein Herz meinte schneller schlagen zu müssen und ein kurzes Lächeln schlich sich auf meine Lippen. Warum nur?!
Er war also noch da. Doch was suchte er? Wo waren die anderen? Ich schaffte es nicht meinen Blick wieder Alice zuzuwenden und starrte ihn weiter an. Er trug ein blaues Hemd und eine schwarze Hose, die nicht ganz so eng saß wie es sonst bei Edward der Fall war. In Edwards Hosenbein würde ich wahrscheinlich nicht einmal mit einem Arm reinpassen. Aber Neills waren zum Glück ja etwas lockerer geschnitten. Ich musste mich so langsam wieder auf meine Freundin konzentrieren, denn sagt man nicht, dass man es meistens spürt, wenn man angestarrt wird?
Doch in diesen Moment zögerte ich zu lange und sein Blick lag für paar Sekunden auf mir, bevor er weiter glitt. Panisch sah ich wieder zu Alice und bemerkte, dass mein Puls rasend wieder zunahm. Aus den Augenwinkeln konnte ich erkennen, dass er am gehen war. Ich musste hier weg. Schnell, denn falls er mich kurz gesehen haben sollte, musste ich, wenn er einen zweiten Blick in unsere Richtung warf, weg sein.
Da es zügig gehen musste, entschied ich mich für die einfachste Variante: mit dem Kopf unter dem Tisch zu verschwinden und so tun, als wäre mir etwas herunter gefallen. Die Tatsache, das mir meine Haare dabei sehr ins Gesicht fielen, nahm ich jetzt einfach mal so hin. Es dauerte gar nicht lang und Alice steckte auch ihren Kopf nach unten.
"Alles okay? Ich weiß, ich frag das schon ziemlich oft heute, doch irgendwie hab ich das Gefühl, als würde mit dir was nicht stimmen!"
"Klar alles Bestens!"
Doch als ich die weißen Sneakers von unten vor unserem Tisch stehen sah, wusste ich das gar nichts bestens war!

Neill POV:

Ich konnte mir mein Grinsen nicht verkneifen, als ich sie entdeckt hatte. Die Jungs hatten draußen gewartet und meinten ich sollte mich allein drin umsehen. Beinahe hatte ich die Hoffnung auch schon aufgegeben, doch dann hatte ich sie gesehen: wie sie schnell ihren Blick von mir weg gewandt und nicht lange danach ihren Kopf unter den Tisch gesteckt hatte.
Was machte sie nur? Gemütlich schlenderte ich auf sie zu und blieb vor ihrem Tisch stehen. Alice hatte inzwischen auch ihren Kopf unter dem Tisch und ich fragte mich, was die beiden da wohl hatten.
"Gibt es da unten etwas interessantes?", fragte ich.
Alice kam unter dem Tisch hervor und sah mich fassungslos an. May dagegen stieß sich erst einmal volle Kanne an der Tischplatte den Kopf, als ich meine Worte geäußert hatte.
Mit einem 'Aua' und ihrem Reiben an der Kopfstelle, sah sie mich an. Ihr Blick begegnete meinen und ich vergaß beinahe zu atmen. Wie hatte ich diese grau-blauen Augen vermisst, ihren Blick, einfach dieses Mädchen vor mir zu haben. Irgendwie war es verrückt, wie sie nach so kurzer Zeit mich voll und ganz hatte.
"Geht es?", fragte ich nach.
Bejahend nickte sie und ihren Blick aber auf den Tisch gerichtet. Sie sollte doch mich weiter anschauen, nicht denn Tisch!
"Was machst du denn hier Neill?", fragte Alice und stand auf um mich zu umarmen.
Freudig erwiderte ich die Umarmung. Ich hoffte das durch ihr Beispiel May mich auch umarmen würde, doch diese Hoffnung starb, als sie sich nicht von der Stelle rührte.
"Ich, äh..." Ich sah wieder von der Schwarzhaarigen zu Mailey. Ihre Haare waren anders. Rote Strähnchen konnte ich erkennen.
"Ich war zufällig hier.", antwortete ich ihr.
Ich war hin und hergerissen, ob ich mich hinsetzten sollte oder doch nicht.

"Bist du allein?", fragte Alice.
"Nein, Lewis, James, Edward und John warten vor der Bar. Ich bin nur allein hier rein."
"Ehrlich?", meinte Alice begeistert und klatschte in die Hände. Sofort richtete sich Mays Blick auf ihre Freundin.
"Kann ich mal hin oder eher nicht?"
"Klar.", sagte ich beiläufig. Doch im Innern freute ich mich voll, somit hatte ich die Chance mit May kurz reden zu können.
"Ich lass euch dann mal allein.", grinste Alice und ging. Doch nicht ohne vorher einen bösen Blick von May zugeworfen zu bekommen.
Grinsend setzte ich mir gegenüber.
"Hey.", fing ich nochmal an, auch wenn es dämlich war, da ich sie eigentlich schon begrüßt hatte. Sie richtete ihre Aufmerksamkeit wieder auf mich, jedoch ohne etwas zu sagen.
"Kannst du noch reden oder hast du es verlernt?", neckte ich sie. Sie schüttelte wieder nur still mit dem Kopf. Die ganze Situation erinnerte mich an unser erstes Treffen, nur das wir diesmal in einer Bar saßen und nicht in einem Café. Jedoch würde ich es auch nicht zulassen, dass sie mir wieder wegrennen würde. Den Fehler würde ich nicht noch einmal machen, dafür war er zu oft geschehen.
"Es tut mir leid.", sagte sie plötzlich so zaghaft, dass ich mir nicht sicher war, ob sie wirklich was gesagt hatte.
"Was?"
Mein Blick fiel auf ihre Hände, mit denen sie nervös spielte.
"Das mit damals."
Sie sah mich wieder an.
"Ist schon okay. Aber das nächste Mal sagst du mir, wo du zu finden bist.", grinste ich sie an.
Verwundert runzelte sie die Stirn. Achso, jetzt begriff ich: sie meinte die ganze Sache damals mit dem vertauschen und so.
"Vergessen wir es einfach."
Ich wollte nicht darüber nachdenken. Darüber wie sehr ich mich

verletzt und hintergangen gefühlt oder wie sehr ich mir Vorwürfe gemacht hatte, aber auch nicht wie sehr ich gemerkt hatte, das sie mir fehlte, trotz der kurzen gemeinsamen Zeit.
"Na ja...", meinte ich.
"Wie geht es dir so?"
"Geht schon.", meinte sie knapp. Doch die Art wie sie es sagte, gefiel mir nicht.
"Was ist denn los?"
"Meine Mutter ist zur Zeit schwer krank.", erklärte sie.
"Oh." Nachdenklich sah ich sie an.
"Wirst du es schaffen?"
"Ich denke schon, immerhin habe ich ja Nate.", entgegnete sie mit einem Lächeln.
Das erste Lächeln, was ich wieder von ihr sah und mich mit so einem Glücksgefühl durchflutete, dass es mir Angst machte.
"Wer ist Nate?", fragte ich interessiert.
"Mein Freund.", antwortete sie.

Kapitel 8 – Schock

Neill POV:

'Mein Freund', 'Mein Freund', 'Mein Freund' hallten mir ihre Worte im Kopf immer und immer wieder. Ich bemerkte wie sich mein Brustkorb zusammenzog und mir langsam aber sicher die Luft weg blieb. Von dem Glücksgefühl, was ich eben noch verspürt hatte, war nicht das Geringste mehr da. Es wurde jetzt viel eher getrübt, als ob sich ein Schleier um mein Herz legen würde.
"Dein fester Freund oder ein Freund?", hakte ich nach. In diesem Fall musste ich die absolute Sicherheit haben, dass ich mich nicht getäuscht hatte.
"Nein er ist mein Freund, mein fester.", bestätigte sie, die ich schlimmste Nachricht.
Sprachlos brachte ich nur ein Nicken zustande, während ich geschockt auf den Tisch starrte. Sie hatte einen Freund: Nate.
"Alles okay?", fragte sie sanft.
Ich sah von der Tischplatte auf und ihr in die Augen, welche mich prüfend ansahen.
"Wie lange bist du denn schon mit ihm zusammen?"
Seinen Namen würde ich nicht über die Lippen bringen. Wer immer der Kerl war, ich verspürte jetzt schon eine tiefe Abneigung gegen ihn. Er hatte sich mein Mädchen genommen. Das Mädchen, dass ich an meiner Seite haben wollte.
Überlegend sah sie auf einen Punkt hinter mir, ehe sie antwortete: "Anderthalb Monate."
"Das ist aber nicht lang.", meinte ich.
"Ja, er hat aber auch lang genug sich Mühe gegeben.", erwiderte sie.
"Wie?"
"Nate musste richtig kämpfen, um mich zu bekommen.", lächelte sie.

Und wieder verspürte ich die Enge in der Brust die sich zusammenzog. Es war komischerweise nicht die Tatsache das sie einen Freund hatte, die so schmerzte, obwohl das auch immerhin wollte ich sie, nein es war aber größtenteils das spezielle Lächeln welches sich auf ihre rosa Lippen schlich, wenn sie von ihm redete. Ihre Fröhlichkeit zu sehen, die sie dabei versprühte.
"Wie habt ihr euch denn kennen gelernt?"
In mir sträubte es sich, dies wissen zu wollen, aber ich musste alles über die beiden wissen.
"Er wohnt in unserer näheren Umgebung. Und wenn ich damals manchmal Hilfe brauchte beim Umzug, hat er mir bereitwillig geholfen."
Pf, ich hätte auch geholfen. Sogar mit Kusshand, aber wenn sie ohne Name und Land verschwindet, konnte ich leider so eine Gelegenheit nicht wahrnehmen.
"Wie alt ist er denn?"
"Zwanzig.", antwortete sie und nahm einen Schluck von ihrem Cocktail.
"Und wie sieht er aus? Wie ist er so vom Charakter?", stellte ich meine Fragen.
Verwirrt sah mich May an. Unsicher fuhr ich mir kurz durch die Haare. Ich musste unbedingt ruhig durchatmen. Mein Puls hatte sich unbewusst verschnellert und das hatte sich in meiner Stimme niedergeschlagen und so wie es aussah hatte May dies bemerkt. Ihren Kopf leicht schief legend, lächelte sie mich an.
"Warum interessiert dich das?"
Mist! Hatte ich es doch gewusst.
"Ich zeige doch nur mein Interesse.", überspielte ich ein wenig den wahren Grund.
"Er sieht gut aus. Reicht das?"
Verneinend schüttelte ich den Kopf.
"Er-", fing sie an, würde aber von einem "May!", unterbrochen.
Und wieder war wieder mal so ein Moment, wo ich Edward an die Gurgel gehen könnte. Hatte der Junge die Gabe, immer zu den

unpassendsten Momenten aufzutauchen, in die Wiege gelegt bekommen?!
"Edward.", entgegnete sie seine Begrüßung.
Hinter ihm tauchten auch die anderen drei auf. Alle waren mitgekommen außer Zack. Er hatte anscheinend keine Lust gehabt.
"Neill wir müssen!", erinnerte mich James und tippte mit dem Zeigefinger auf seine nicht vorhandene Uhr.
"Ja ich weiß."
Ich wusste, dass das Konzert immer näher rückte und somit die Tatsache, dass ich mich von ihr trennen musste. Doch ich wollte nicht. Ich wollte sie nicht verlassen und erst recht nicht, da ich wusste das irgendwo vielleicht der Junge auf sie wartete.
Schweren Herzens sah ich May zu wie sie auch von James und Lewis umarmt und begrüßt wurde. Und alle umarmte sie! Mich hatte sie nicht so begrüßt. Ich möchte jetzt nicht kindisch klingen, aber das war unfair.
Alice beobachtete das ganze Geschehen mit einem Grinsen, während meine Mundwinkel eigentlich immer mehr nach unten fielen. Langsam kroch ich bei der Sitzbank nach vorne, um aufstehen zu können und erhob mich. Unschlüssig stand ich nun vor May und wusste nicht so recht, wie ich mich verabschieden sollte. Als mir einfiel, dass ich ja immer noch nicht wusste wo sie wohnt.
"Wo wohnst du eigentlich?", fragte ich.
"In-", fing sie an, wurde aber sofort von Alice unterbrochen.
"Ihr braucht euch doch noch nicht zu verabschieden."
Fragend sahen wir Jungs die Schwarzhaarige an.
"Wir haben Karten für euer Konzert oder was immer ihr da veranstaltet, mal wieder!", setzte sie noch lächelnd hinterher.
Augenblicklich schoss mein Kopf herum zu May. Abwehrend hob sie die Hände: "Es war nicht meine Idee!", sagte sie schnell, was mich zum Lachen brachte. Mailey war einfach unheimlich niedlich in ihrer ganzen Art.

"Na dann könnt ihr doch gleich mit uns mitkommen?", schlug ich vor.
Alice und May wechselten kurz einen Blick, ehe beide zustimmend nickten. Super!
"Na dann komm.", sagte ich zu May. Lächelnd folgte sie mir aus der Bar und mein Herz beschleunigte wieder seinen Rhythmus. Sie hatte mich angelächelt und das Lächeln hatte nur mir gegolten. Draußen standen immer noch die Sicherheitsmänner und warteten auf uns. Doch sie waren nun nicht mehr allein. Einige Reporter, Paparazzis und Fans hatten sich ebenfalls vor der Bar versammelt und warteten darauf, dass wir heraus traten.
"Los Jungs."
Das Gedränge fing an, und wir wurden trotz der Sicherheitsleute manchmal ganz schön hin und her geschubst.
"Wessen Idee war das noch mal?!", rief Lewis von hinten nach vorn.
Lachend hob ich meine Hand, als ich wieder mit ordentlichen Schwung zur Seite gedrängt wurde. Suchend warf ich einen Blick nach hinten und sah May, wie sie mir folgte. Um ihr wenigstens ein bisschen Sicherheit geben zu können, griff ich nach ihrer Hand und umschloss sie fest, was sie sofort erwiderte. Lächelnd zog ich sie nah an mich ran, damit wir so gut wie möglich voran kämen. Doch viel musste ich gar nicht machen, denn sie drückte sich schon von ganz allein, fest in meine Seite.
"Und wer nimmt mich an die Hand?", fragte Alice.
"Ach komm her.", antwortete Lewis und schlang einen Arm um ihre Hüfte.

Einige Minuten später hatten wir das Schiff erreicht und atmeten einmal alle durch, als wir in gewohnter Umgebung waren. Ich ahnte jetzt schon, dass es ein Haufen von Fotos geben würde und John das so gar nicht gefallen wird.

Mailey POV:

Als wir auf dem Schiff im Gang waren, hielt ich immer noch Neills Hand fest. Es war komisch, aber irgendwie wollte ich seine Hand auch nicht loslassen und lächelte stattdessen vor mich hin. Er erwischte mich, wie ich ihn verträumt anschaute. Mit einer auffordernden Kopfbewegung gab er mir zu verstehen, dass er wissen wollte was los war. Doch ich schüttelte nur verneinend den Kopf, weswegen er für einen kurzen Moment mit den Augen rollte und mich zum Lachen brachte.
"Ich glaube May ist hier sicher, Neill!", stellte Edward feixend fest und sah offensichtlich auf unsere Hände. Peinlich berührt, ließen wir uns schnell los und ich sah auf den Boden. Das Ganze war mir doch mehr als unangenehm.
"Man kann nie wissen!", konterte Neill. "Und ich geh lieber auf Nummer sicher."
"Zum Glück!", hörten wir eine Männerstimme sagen und drehten uns um. "Ich dachte schon, ihr kommt gar nicht mehr wieder."
"Nein John alles gut.", beruhigte James den Mann.
Fragend sah er Alice und mich an.
"Das ist Besuch.", informierte Lewis ihn.
"Ah. Na los Jungs. Die Zeit tickt."
Mit einer winkenden Handbewegung gab er zu verstehen, dass sie nach hinten durchlaufen sollten.
"Kommst du mit?", fragte Neill mich.
Sollte ich? Ich überwand meine Zweifel und nickte, bevor ich dem Blonden ins Innere des Schiffes folgte. Was Nate dazu sagen würde, ließ ich vorerst außer Acht.

Kapitel 9 – Feelings

Mailey POV:

Ich folgte den Jungs und konnte nur so staunen über die gewaltige Größe, die das Schiff besaß. Neill drehte sich in regelmäßigen Abständen um, um sich zu vergewissern, dass ich auch noch wirklich hinter ihm war. Als er es erneut tat, meinte ich: "Ich lauf schon nicht weg."
Grinsend drehte er sich nun vollends um und lief den Gang rückwärts, damit er mich ansehen konnte. "Da habe ich aber in letzter Zeit ganz andere Erfahrungen gemacht."
Stirnrunzelnd sah ich den Blonden an. Wir beide waren stehen geblieben und er fing an aufzuzählen. "Im Café, auf dem Spielplatz, nochmal im Café, obwohl, es war ja eher auf der Straße und warte..."
"Schon gut, schon gut.“, unterbrach ich ihn und quetschte mich an seiner Seite vorbei, da wir den Rest der Gruppe einholen mussten.
"Das ist auch eine gute Idee!"
"Was?"
"Das du vor mir läufst, so behalte ich dich genau im Auge. Was ich neben bei erwähnt jetzt immer machen werde, denn nochmal entkommst du mir nicht.", lachte er.
Allein der Gedanke immer Neill um mich zu haben, ließ mich auf der einen Seite nervös werden, aber auf der anderen Seite konnte ich das Grinsen, dass sich auf meinem Gesicht gebildet hatte und das Kribbeln im Bauch nicht ignorieren. War das normal? Nein!
"Was lachst denn so?", wollte er wissen.
"Ach nichts.", winkte ich ab.
"Soll ich dir mal etwas sagen?" Neill hielt mich am Handgelenk fest und sah mir in die Augen. Bei dieser einfachen Geste spielte mein

Magen schon verrückt und von dem Chaos, welches in meinem Kopf herrschte ganz zu schweigen.
"Was?", meinte ich ernst und trat einen Schritt auf ihn zu, damit meine Hand, die von ihm gehalten wurde nicht so in der Luft hing. Er hatte anscheinend denselben Gedanken, und nun standen wir uns ganz nah gegenüber. Ich spürte, wie aus der eben noch lustigen Situation eine angespannte wurde. Das Lächeln wich von meinem Gesicht und ebenso bei Neill, der mir ernsthaft in die Augen schaute.
"Also was ist?", fragte ich. Jedoch kamen aus meinem Mund die Worte nur wie ein Flüstern.
"Du bist eine schlechte Lügnerin!" Mit diesen Worten stieß er mir mit seinem Zeigefinger leicht gegen die Nase und sein Grinsen erschien wieder.
"Leute!", rief Zack.
Genervt rollte Neill mit den Augen. "Wir kommen ja schon." Somit erschienen zum Schluss auch Neill und ich in dem Zimmer. Edward, James, Lewis und Zack hatten schon an dem Tisch Platz genommen, während Alice das Geschehen vom Fensterbrett aus beobachtete. Neill zog sich einen Bürostuhl heran, setzte sich ebenfalls und lächelte den Chef entschuldigend an. Ich wollte eigentlich zu Alice gehen, als jemand seine Arme um meine Hüfte schlang und ich auf einem Schoss landete. Fragend sah ich nach unten, um festzustellen, dass es Neills Hände waren, welche sich um meine Taille geschlossen hatten und mich festhielten.
"Neill?!", flüsterte ich leise.
"Schhhh!"
Jetzt war ich diejenige, die genervt mit den Augen rollte. Der Chef hatte schon angefangen Soulpainters zu erzählen, wie er sich den heutigen Abend vorstellte. Eigentlich hätte ich so etwas ja mal interessant gefunden, doch die Tatsache, das ich auf Neills Schoss saß, ließ jede Konzentration von mir weichen. Vorsichtig versuchte ich seine Finger von einander zu lösen, um mich neben Alice zu stellen. Hatte ich einen Finger von seiner Hand gelöst und

widmete mich dem nächsten, schnellte sein anderer zurück. Leicht verärgert sah ich ihn an. Ohne das er meinen Blick erwiderte, lächelte er verschmitzt vor sich hin, da er genau wusste, das es mich aufregte. Aber nein, er hatte anscheinend seinen Spaß dran. Kind! Nach einiger Zeit gab ich schließlich auf.

Mir musste etwas anderes einfallen. Denn mir war es schon unangenehm, so inmitten in einer Besprechung von Soulpainters auf Neills Schoss zu sitzen, eng umarmt von ihn. Ich schloss meine Augen und hoffte nur inständig, dass Nate nie etwas davon erfahren würde. Alice! Genau! Hoffnungsvoll schaute ich zu Alice, die interessiert dem Gespräch folgte. Ich musste ihre Aufmerksamkeit bekommen. Winken fiel aus, also starrte ich sie intensiv an. Und es klappte. Ihr Blick wich von den Jungs zu mir und fragend sah sie mich an. Mit meinen Augen versuchte ich ihr zu verstehen zu geben, dass sie mich rufen sollte, sodass Neill mich dann im Endeffekt doch loslassen müsste. Ich merkte schon, dass sie mich nicht ganz verstand und als sie mir freudestrahlend ihren Daumen in die Höhe zeigte, wusste ich vollends, dass sie nicht im geringsten verstanden hatte, was ich wollte.
"Alles gut?", fragte mich Neill leise ins Ohr.
"Hm...", war meine einzige Reaktion darauf.
"Was ist los?"
Ich drehte meinem Kopf leicht, um ihn wenigstens von der Seite zusehen.

Neill POV:

"Du sollst zuhören!", zischte sie zurück.
"Ist gerade uninteressant."
"Und dann versemmelst du es.", bemerkte sie in meckernden Ton.
Ich wollte gerade zum Protest ansetzten, als wir eine Ermahnung bekamen: "Seid ihr mal bitte ruhig. Neill du musst genauso

zuhören." Augenblicklich sahen uns alle Anwesenden im Raum an. Zustimmend nickte ich und er fuhr im Stoff fort.
"Siehst du, dass hast du jetzt davon.", sagte May.
War ja klar, dass sie noch irgendetwas zusetzten musste. Doch ich blieb still und genoss lieber das Gefühl, ihr so nahe zu sein. Es fühlte sich beinahe an, als wäre es ganz normal, wie sie hier auf meinen Schoss saß. Am Anfang war sie noch verspannt gewesen, doch nun war sie ein wenig in sich zusammen gesackt und lehnte sich sogar leicht gegen meinen Oberkörper. Ihre langen dunkelblonden Haare kitzelten mir ab und zu leicht in der Nase, doch es störte mich nicht. Am liebsten wollte ich sie für immer hier behalten, hier bei mir. Wissend, das sie nur zu mir gehört. Aber ich wusste, dass es reines Wunschdenken war. Es gab schon jemanden zudem sie gehörte. Sie war vergeben und ich hatte keine Chance. Hatte ich überhaupt eine gehabt? Hätte ich eine gehabt, wenn alles anders gekommen wäre?
"Lässt du sie gar nicht mehr los?", lachte James und schlug mir auf die Schulter, was mich erschrocken zusammenfahren ließ.
"Wieso?"
"Weil sie die ganze Zeit auf deinem Schoss saß."
"Kannst du mich jetzt bitte loslassen?", fragte May ganz lieb. Bei dem bettelnden Blick von ihren grau-blauen Augen konnte ich nicht nein sagen, auch wenn alles in meinem Kopf danach schreite, weil ich sie weiterhin bei mir behalten wollte. Somit lockerte ich aber meinen Griff und sie stand auf.
"Ich hab furchtbaren Durst, kann man hier was trinken?", sagte Alice.
"Klar, soll ich dir was holen?", fragte Lewis.
Verneinend schüttelte Alice ihren Kopf. "Nein, ich geh schon, bleib du ruhig hier. Ich will nur wissen, wo das ist."
"Ach quatsch, ich zeig es dir.", beharrte er auf seiner Meinung.
Fragend zeigte Edward mit dem Finger auf Lewis und sah uns dann an.

"Keine Ahnung.", meinte Zack. "Und ich bin müde."
Ich lachte.
"Du kannst ja dann im Flugzeug schlafen.", sagte James.
Mich durchfuhr wieder ein Stich. Flugzeug. England. Weg von May. Ich wollte nicht weg.
"Also wann geht es los?"
"In warte...", Edward sah auf seine Uhr, "25 Minuten."
25 Minuten hatte ich noch mit ihr und die durfte mir keiner nehmen!

Kapitel 10 – Getäuscht

Mailey POV:

"Du glaubst gar nicht, was für eine riesige Auswahl die hier an Getränken haben!", platzte Alice sofort heraus, als sie mit Lewis wieder zu uns stießen. "Und das nur an Trinken, May!"
Spielend hob ich die Augenbrauen, bevor sie mir gegen den Arm schlug. "Ach du bist doch blöd!"
Das ließ mich erst recht lachen.
"Also, was nun?", klatschte Lewis in die Hände und sah uns an.
"Ich hab es! Wir gehen hoch und winken den Fans nochmal. Immerhin sind es nur noch zwanzig Minuten bis zum Beginn, da können wir nicht mehr soviel unternehmen."
Überrascht schaute ich auf meine Uhr. Es waren tatsächlich nur noch zwanzig Minuten.
"Gute Idee, ich bin dabei!", meldete sich Edward und hob seine Hand in die Höhe.
Schulterzuckend meinte James: "Na gut."
"Ich bleib unten.", warf Neill ein.
Fragend blickten seine Bandkollegen ihn an, genau wie ich.
"Du musst auch mal raus an die frische Luft!", neckte ich ihn.
"Kann ich auch gerne machen, aber dann mache ich das, wenn du nicht dabei bist.", erwiderte er und zwinkerte mir zu.
Seine Worte verunsicherten mich ein wenig und skeptisch warf ich einen Blick zu Alice, die auf den Boden sah, um sich ein Grinsen zu verkneifen. Zu dem allem kam noch, dass plötzliche Ruhe sich über den Raum gelegt hatte.
Neill schien auch zu bemerken, dass es unangenehm still war und niemand sich traute etwas zu sagen. "Ich meine jetzt nicht, dass du mich beim frische Luft schnappen störst oder so, sondern ich hab dich ja nicht so oft, deshalb muss ich meine Zeit mit dir doch

nutzen."
Na klasse. Jetzt war ich ganz verschüchtert und meine Wangen begannen ihre Temperaturen hochzufahren, weshalb ich mit Sicherheit sagen kann, dass ich rot wurde. Still nickte ich, um wenigstens irgendwas zu machen.
"Wir gehen dann mal.", meinte Zack und zeigte zur Tür.
Anscheinend waren sie alle über Zacks Vorschlag erleichtert, denn ohne irgendeinen Kommentar ließen sie Neill und mich allein.
"Tja, dann waren es nur noch zwei."
Ich konnte ja schlecht mit an Deck gehen. Ich war weder eine Freundin von einem der Jungs, noch eine Bekannte oder Verwandte, dass mir das Recht gab mit ihnen gesehen zu werden. Ich fragte mich nur, wie Alice das machen wollte.

Neill stand von seinem Platz auf und lief auf mich zu. Krampfhaft hielt ich mich an dem Tisch hinter mir fest und versuchte so gelassen wie möglich zu wirken, obwohl in mir alles aufgewühlt war. Am liebsten hätte ich mich jetzt in einem Raum zurück gezogen und alles überdacht. Aber in realen Leben kann man leider nicht auf 'Pause' drücken, wie bei einer Fernbedienung.
"Du hast mich doch richtig verstanden oder?"

Neill POV:

Die Tatsache, dass sie vielleicht dachte ich wollte sie nicht in meiner Nähe haben, machte mich verrückt. Ich nehme es mir ja schon seit einiger Zeit vor, erst zu überlegen und dann zu sprechen. Doch jetzt war ich mir sicher, dass ich es wirklich mal machen musste.
"Klar.", sagte sie leise.
Ich atmete einmal tief durch und ließ meinen Blick zur der grauen Uhr an der Wand schweifen. Fünfzehn Minuten, nur noch fünfzehn Minuten.

Was sollte es, raus damit. Ich musste es ihr sagen, viel hatte ich nicht zu verlieren.
"Ich meinte das wirklich nicht so.", beteuerte ich einfühlsam. "Ich freue mich nur so wahnsinnig dich nach der langen Zeit wiederzusehen."
Überrascht richtete sie ihren Blick vom Boden hoch zu mir. Dabei sahen mich ihre Augen ungläubig an. Nie im Leben würde ich diese Augen vergessen können. Doch dann rappelte sie sich und antwortete: "Seien wir doch beide ehrlich, wir kennen uns nicht und was damals war, hätte nie passieren sollen! Es war ein Fehler, okay? Ich meine, ich habe keine Ahnung, was ich mir dabei gedacht hatte dir zu schreiben. Das war dämlich und mir tut es leid, dass die Briefe deine Zeit so in Anspruch genommen haben, wobei du eigentlich besseres zu tun gehabt hättest. Und wenn wir noch in einem anderen Punkt ganz ehrlich sind, hast du nicht mehr an mich gedacht, weil ich nur ein Fan von den ganzen Millionen bin. Also lassen wir doch alles so wie es ist."
Bei jedem einzelnen Wort, das ihren Mund verließ, hatte ich das Gefühl, als würde sie mit einem Messer in meine Brust rammen. Wie konnte sie so etwas sagen?! Wie konnte sie von uns beiden sprechen, ohne zu wissen was in mir vorging. Klar, wir kannten uns kaum, aber deswegen war sie nicht eine von Millionen. Und sie hat mir Zeit geraubt? Sie und ihre Briefe waren vielmehr diejenigen gewesen, die mir ein Lächeln ins Gesicht gezaubert, mich manchmal aufgemuntert hatten und mir Kraft gaben. Ich hatte solange auf ein Wiedersehen gehofft und nun das?

"Du hast keine Ahnung!", fuhr ich sie an.
Anscheinend hatte ich mich in May getäuscht. Sie war nicht irgendein Fan, vielmehr war ich für sie nur irgendein Star. Sie nahm gar nicht mich wahr, so wie ich immer das Gefühl gehabt hatte, sondern sah nur mich und die Bühne und die Fans. Nichts von meiner wahren Persönlichkeit, gar nichts. Und die Tatsache, dass sie schon einen Platz in meinem Herzen hatte, schien sie auch

nicht im geringsten zu spüren. Beim Schlucken bemerkte ich, dass mein Rachen trocken war. Die Erkenntnis, dass nichts von dem Mädchen in ihr steckte, das ich in ihr gesehen hatte, schmerzte.
"Klasse, dann hätten wir das ja jetzt geklärt!", sagte ich mit erhöhter Lautstärke, woraufhin sie erschrocken zusammenzuckte.
"In der Zusammenfassung, bin ich für dich irgendein Star und du bist für mich nur eine von vielen von denen da.", wobei ich eine beschreibende Geste nach draußen machte, wo sich die anderen Fans sammelten und man ihre Rufe vernehmen konnte. Ich drehte ihr den Rücken zu.
Wie konnte das nur passieren? Wie konnte ich nur so blind gewesen sein? So leichtgläubig? Von jetzt auf gleich hatte sich ein Abgrund zwischen uns aufgetan und May hatte den Vorhang weggezogen, der schon die ganze Zeit existiert hatte.
Es herrschte Stille, als ihr Handy zu klingeln begann.
"Bennett?", meldete sie sich.
Ich konnte undeutlich eine hohe Stimme am anderen Ende der Leitung hören, welche ganz schnell hintereinander redete. May sagte nichts und als ich mich zu ihr umdrehte, sah ich, wie sie versteinert auf einen Fleck an der Wand starrte. Keine Regung war in ihr, außer dass sie extrem stark zu zittern begonnen hatte.
"May?!"
Eilig ging ich zu ihr und schüttelte sie sanft. Sie musste aus ihrem Schockzustand zurück kommen. So wie ich das sah, hörte sie glaube der quasselnden Stimme gar nicht mehr richtig zu.
"May, was ist los?", hakte ich nach.
Apathisch wandte sie sich aus meinem Griff und rannte nach draußen. Ich überlegte gar nicht lange und folgte ihr. Zielsicher steuerte sie nach oben auf das Deck, wo eben die Jungs runter kamen. May schubste Edward zur Seite und rannte weiter nach oben.
"Immer mit der Ruhe Süße!", grinste er, bevor er sich an mich wandte. "Was hat sie denn?"
"Keine Ahnung."

Ich sah keinen Sinn mich jetzt auch noch an der engen Stelle nach oben zu quetschen und wartete ungeduldig, bis sie wieder herunter kam. An der Hand hielt sie eine verdutzte Alice und zerrte sie hinter sich her.
"May, jetzt mach mal langsam."
Doch sie dachte nicht dran.
"May!", rief ich nun auch, als sie an mir vorbei lief.
Zu spät erkannte ich, dass sie fast panisch zum Ausgang rannte. Im letzten Augenblick bekam ich ihr Handgelenk zu packen, denn ich durfte das Schiff ja nicht verlassen.
"May?!"
Sie drehte sich zu mir um und mein Atem stockte. In ihren Augen sammelten sich die Tränen, die gleich daraufhin ihre Wangen hinunter rollten. Ich hob meine Hand, um sie wegzuwischen, doch dann riss sie sich los und verschwand mit Alice in der Menge von Fans.
"May!", schrie ich ihr noch hinterher.
"Was war denn los?", fragte James und sah mich an.
"Wir dachten wir finden euch knutschend wieder!", lachte Lewis. Doch ein Blick von mir genügte und er war ruhig.
"May...", murmelte ich leise und sah immer noch in die Richtung, in die sie längst verschwunden war.
"Los Jungs, euer Programm beginnt jetzt."

Kapitel 11 - Notfall

Neill POV:

Sprachlos sah ich die Jungs an.
"Sie ist weg."
"Mal wieder.", verdrehte Edward die Augen und folgte John.
"Komm schon. Wir müssen gleich loslegen.", meinte James und zog mich leicht am Shirt, damit ich ihm folgte. Ich drehte mich um und lief ihnen hinterher.
Trotz der Tatsache das sie weg war, spürte ich keine Traurigkeit. Die paar Minuten hatten meine Meinung zu ihr geändert. Sie war nicht das Mädchen das ich wollte. Sie war nur eine von vielen. Sie sah nur die Schwierigkeiten, die Probleme und nicht mich. Denn wenn sie mich mögen würde, hätte sie gesagt, dass wir gemeinsam alles schaffen würden. Was auf der anderen Seite auch wieder so sinnlos war, da sie schon jemand an ihrer Seite hatte, der ihr helfen würde. Doch was hatte sie so aus dem Konzept gebracht? So panisch werden lassen, dass sie ohne ein letztes Wort zu mir fast schon floh? Eigentlich konnte es mir egal sein. Ich wusste ja mal wieder nichts außer ihrem Namen und es war mir auch egal. Ich war es leid, ihr hinterher zu rennen oder mir vergebliche Hoffnungen zu machen.
Die Techniker gaben uns unsere Mikrophone und wir schlossen sie an.
"Alles klar?", hakte Zack nach.
Still nickte ich. Mir gingen noch so viele Gedanken durch den Kopf. Aber die würde ich wahrscheinlich erst später wirklich durchdenken können, wenn wir hier fertig waren und es zurück nach England ging.
"Begrüßt mit mir Soulpainters!", rief jemand und die Menge begann zu kreischen und zu toben. Lächelnd und winkend liefen

wir nach draußen. Jeder von uns hatte einen Stuhl auf den er sich setzten konnte. Ich saß außen und neben mir Zack, gefolgt von Lewis, James und Edward ganz außen auf der anderen Seite. Ich blickte durch die Menge und sah die zwei leeren Stuhle. Dort würden jetzt May und Alice sitzen. Wo sie wohl gerade waren?

Mailey POV:

"Maaaay!", schrie Alice panisch. "Wenn du nicht sofort das Tempo zügelst, zwing ich dich zum Aussteigen und ich fahr!"
Abrupt ging ich auf die Bremse, da die Ampel eben auf rot geschaltet hatte.
"May, Herrgott!", schimpfte Alice, da sie durch die Vollbremsung nach vorn geschleudert wurde. Aber mir war es egal. Ich musste zu ihr. Zu meinem Engel. Sie zählte jetzt einzig und allein.
"Weißt du überhaupt, wo hier das Krankenhaus ist?"
Ich nickte und merkte, wie das Zittern wieder begann, als ich den Gang einlegen wollte.
"Beruhige dich. Es nutzt nichts, wenn uns jetzt auch noch etwas passiert.", versuchte Alice mich zu beruhigen. Doch es funktionierte nicht. Mein Innerstes tobte und meine Wangen bebten. Das Krankenhaus hatte mich angerufen und gesagt das eine Bailey Bennett eingeliefert worden war. Die Mutter von Bais Freundin, Mrs.Brown, wurde die Vorfahrt genommen und der Zustand von allen drei sei kritisch.

Ich parkte das Auto, schnappte meine Tasche und rannte rein. Bei der Rezeption angekommen, fing ich sofort an atemlos zu erzählen: "Ich bin Mailey Bennett. Ich muss wissen, wo meine Schwester ist. Ich habe einen Anruf erhalten, dass sie eingeliefert wurde. Ich bitte sie." Hektisch schnappte ich nach Luft, als ich meinen Text beendet hatte.
"Beruhigen sie sich. Meinen Sie Bailey Bennett?"

Bestätigend nickte ich und hielt krampfhaft meine Tasche fest, um mein Zittern unter Kontrolle zu bekommen.
"Sie befindet sich im Moment in OP."
Ich schluckte einmal, obwohl gar keine Spucke zum runter schlucken da war, bevor ich zaghaft nickte. Mein Engel war in Lebensgefahr! Ich sah mich um, während Alice mir einen mitfühlenden Blick schenkte. Wie sehr schwebte sie in Lebensgefahr? Total oder nur ein bisschen? Würde sie es schaffen? Sie musste es schaffen! Ich brauchte meine Kleine doch.
"Wollen sie warten?"
Ich drehte mich zu der Frau um und nickte erneut. In mir war keine Kraft zu reden oder mich anders mitzuteilen. Alice nahm mich an die Hand und führte mich zu den Wartestühlen. Mich auf den freien Stuhl setzend, starrte ich ausdruckslos vor mich hin. Ich schaff das nicht! Ich muss zu ihr. Ich musste ihre kleine Hand halten und mit ihr reden. Ihr sagen, dass sie sich gefälligst anstrengen soll und kämpfen soll. Ich brauchte jemanden. Eigentlich nicht jemanden sondern ihn. Meine Hände begannen zu zittern, als ich in meine Tasche griff, um nach meinem Handy zu suchen. Eine Weile musste ich suchen, bis ich es endlich fand.
"Miss Bennett? Die hat da drüben Platz genommen.", hörte ich die Frau von der Rezeption sagen.
Als ich meinen Blick von meinem Handy aufrichtete sah ich ihn. Er war immer genau dann da, wenn ich ihn brauchte. Er suchte mit seinen Augen nach mir, bevor sie bei mir stehen blieben und er schnellen Schrittes auf mich zu schritt. Ich ließ meine Tasche fallen und rannte in seine Arme. Durch meinen Schwung stolperten wir ein paar Schritte rückwärts, bevor er sich fing und mich fest umarmte. Tröstend strich er mir von den Haaren an über den Rücken. Jetzt konnte ich es nicht mehr halten. Und mir war es sowas von egal, dass wir mitten im Warteraum standen und ich nun in sein Shirt schluchzte.
"Sch...", beruhigte er mich und hörte dabei aber nicht auf mir über den Rücken zu streichen.

Eine ganze Weile standen wir so und bewegten uns nicht einen Millimeter. Ab und zu gab er mir einen Kuss auf meine Haare.
"Wollen wir uns setzten?", flüsterte er mir leise und bedächtig ins Ohr.
Da ich nicht reagierte, legte er seine Hand um meine Hüfte und führte mich zu Alice wieder auf den freien Sitzplatz. Ich versuchte mein Weinen zu unterdrücken, aber es löste sich immer wieder ein lauter Schluchzer. Ich war so kraftlos, so verwirrt und ohne Hoffnung. Ich konnte mich nicht beruhigen und kuschelte mich wieder an seine Schulter, bevor er seine Bewegungen fortsetzte, mir über die Schulter zu streicheln.
Verwundert sah ich zu ihm auf, also er in seiner Hosentasche zu wühlen begann und mir gleich darauf ein Taschentuch vor die Nase hielt.
"Hier."
Dankbar nahm ich es entgegneten und trocknete meine Augen.
"Du siehst ganz verschmiert aus.", lächelte er mich an und ich erwiderte es traurig. Seine ruhige Stimme war genau das, was ich jetzt brauchte. Er war genau das, was ich jetzt brauchte. Ich schnaubte meine Nase und atmete auf Anforderung von ihm einmal tief durch.
"So und jetzt erzähl mal."
Doch genau dann kam wieder alles hoch und ich fing von vorn an.
"May, sie ist doch noch nicht tot.", versuchte nun auch Alice mich zu beruhigen und strich mir ebenfalls über den Rücken.
"Trotzdem! Sie schwebt in Lebensgefahr!", widersprach ich zwischen meinem Weinen.
"Ich bin übrigens Nate.", stellte mein Freund sich Alice vor.
"Alice."
"Guck mal, wenn du sie aufgibst, wie sie soll sie sonst kämpfen können?", gab er leise zu bedenken. Ich hatte wieder mit Zittern begonnen und griff nach seiner Hand. Sofort verschloss er unsere Finger und eine wohltuende Wärme durchflutete mich.
"Du musst stark sein für sie! Sie braucht deine Stärke Mailey! Ja?!"

Er lehnte sich etwas nach hinten mit seinem Oberkörper, um mir in die Augen sehen zu können. Seine grünen Augen blickten mich fragend an. Er wartete auf eine Antwort und so nickte ich leicht zustimmend.
"Genau." Seine gleichmäßigen Streicheleinheiten beruhigten mich im Moment ungemein.
"So und jetzt erzählst du was los ist."
Ich setzte mich aufrecht hin, ließ aber seine Hand nicht los.
"Regnet es draußen?"
Fragend zog er seine Augenbrauen in die Höhe.
"Wie kommst du denn jetzt darauf?"
"Deine Haare stehen in alle Richtungen ab.", lächelte ich leicht. Es sah einfach so untypisch für ihn aus. Nate legte sonst seine schwarzen etwas längeren Haare immer in eine Richtung und nun sah es aus, als hätte jemand mit dem Föhn direkt seine Haare verstrubbelt.
"Ja, es regnet draußen. Hat eben angefangen, als ich gekommen bin. Aber nun erzähl mal."
Ich schniefte einmal auf.
"Wir waren am Hafen und waren dort auf einem Schiff. Eigentlich wollten wir uns heute einen schönen Abend machen, als ich plötzlich einen Anruf vom Krankenhaus bekam, dass Mrs.Brown einen Unfall hatte oder in einen verwickelt wurde und Bai betroffen ist. Sofort haben wir uns ins Auto gesetzt und sind her gefahren. Und nun hat mir die Frau von der Auskunft gesagt, dass sie sich in OP befindet und ihr Zustand krit-"
Ich brach ab. Ich konnte es nicht aussprechen und Nate bemerkte, wie sich neue Tränen bei mir ansammelten.
"Sie ist eine Kämpferin, Mailey. Genau wie du. Sie wird es schaffen."
Ich hoffte es so sehr. Ich würde alles dafür geben.
"Aber wie hast du gewusst das ich hier bin?"
"Deine Grandma hat mich angerufen und mir erzählt, dass das Krankenhaus angerufen hat. Und ich solle doch bitte mal dort hin

fahren, weil du mich jetzt gebrauchen könntest."
Die Gedanken rasten nur so.
"Aber warum ist Mum nicht hier?"
Betreten richtete er seinen Blick nach unten, bevor er mich wieder ansah. Er sagte nichts und doch sprachen seine Augen zu mir und ich wusste es.
"Sie ist betrunken."
Fast kaum merklich nickte er.
Ich atmete einmal tief durch.
"Mrs. Bennett?", rief die Frau von der Rezeption durch die Sprechanlage.
Ich schnappte meine Tasche und zog Nate hinter mir her, gefolgt von Alice.
"Ja?"
"Der operierende Arzt möchte Sie sprechen."

Kapitel 12 – Ende vom Traum

Mailey POV:

Ich nickte und verstärkte meinen Griff um Nates Hand. Mich machte die Ungewissheit fertig und die bittere, aber wahre Erkenntnis, dass ich ihr nicht im geringsten helfen konnte. Die Frau gab uns die Beschreibung zu dem Zimmer auf dem mein kleiner Engel liegen sollte und um sein Leben kämpfte. In meinen Augen sammelten sich wieder die Tränen, als ich Alice Kopf auf meiner Schulter spürte, und sie mich in eine Umarmung zog.
"Komm wir gehen.", sagte Nate leise. Ich ließ mich widerstandslos von ihm durch die langen kahl, grau-gelblichen Gänge führen und stieg in den Fahrstuhl ein. Mich an die Wand lehnend, sah ich auf den gegenüberliegenden Spiegel. Meine Augen waren rot und verquollen. Meine dunkelblonden Haare waren zerzaust und im allgemeinem machte ich einen matten Eindruck. Wie würde Bai in meinem Alter wohl aussehen? Würden ihre Haare noch länger werden? Wie würde ihr Lachen klingen, wenn sie glücklich wäre? Würde sie ihre erste Liebe erleben? Das Kribbeln im Bauch verspüren und die Unsicherheit, wenn man der Person gegenüberstand, die einen alles vergessen ließ, was um einen herum war. Wenn man mit der Person zusammen war, die alles für einen geben würde? Könnte sie das alles noch erleben?
Das 'Pling'-Geräusch vom Fahrstuhl holte mich aus meinen Überlegungen. Der Fahrstuhl hatte gehalten und je näher ich Bais Zimmer kam, umso mehr fing ich an zu Zittern und musste mir auf die Lippe beißen, um nicht loszuweinen oder gar mitten auf dem Flur zusammenzubrechen.
"Hier ist es.", flüsterte Alice leise.
Zaghaft umgriff ich die Klinke, die mich nun zur Wahrheit führen würde. Ich drückte sie herunter und öffnete sie. Sobald ich einen

Blick ins Zimmer bekam, musste ich krampfhaft nach Luft schnappen.

"Nein!", rief ich und die Tränen traten hervor. Ihr kleiner Körper war an zahllosen transparenten Schläuchen angeschlossen, durch welche die Flüssigkeiten liefen. Der Tropf lieferte unermüdlich die wichtigen Zusätze für sie ab. Ich schritt zu ihrem Bett und wollte sie am liebsten schütteln, dass sie gefälligst ihre Augen aufmachen sollte und mir ihr Lächeln zeigen sollte. Doch stattdessen griff ich vorsichtig nach ihrer Hand, in welcher eine Nadel endete. Meinen Daumen über ihren Handrücken streichelnd, sah ich mir meine kleine Schwester an. Ihre Augen waren fest geschlossen. Ihre blonden Haare lagen halb verschwitzt im Gesicht. Ich strich sie mit einer Handbewegung zur Seite. Ihre kleine Hand hebend, gab ich ihr einen Kuss auf diese und dann auf die Stirn.

"Bai...", flüsterte ich ihr leise zu. "Ich bin da."

Doch es kam keine Reaktion. Nur das gleichmäßige Piepen der Herzmaschine war im Raum zu hören. Als Nate begann mir über den Rücken zu streichen, wusste ich das sie nicht reagieren würde. Schmerz durchflutete mich und mein Schluchzen hatte begonnen. Widerwillig schüttelte ich meinen Kopf. Ich wollte das nicht wahr haben!

"Miss Bennett?", hörte ich jemanden hinter mir rufen.

"Ja?"

Ich drehte mich zur Tür um und entdeckte einen älteren Mann mit Brille und weißem Kittel. Der operierende Arzt schoss es mir durch den Kopf.

"Könnte ich Sie bitte sprechen?"

Ich nickte und ließ Bais Hand los, welche aber Nate sofort ergriff und sich zu Bai setzte. Alice hatte sich an die andere Seite des Bettes niedergelassen und streichelte ebenfalls zaghaft über ihren Körper.

Ich folgte dem Arzt nach draußen und hatte fürchterliche Angst vor der Wahrheit.

"Sie sind die Schwester, richtig?", fragte er mich und sah von seinen Unterlagen hoch.
"Ja."
"Wie sie erfahren haben, hatte Mrs.Brown einen Unfall und leider war auch ihre Schwester in dem Auto. Ich denke mal ich brauche keine schönen Worte schwingen, sie sehen wie der Zustand ist."
Geistesabwesend nickte ich. Mein Blut begann in meinen Ohren zu rauschen und ich hatte das Gefühl ihn nicht mehr richtig zu hören.
"Ich kann Ihnen leider nicht viel Hoffnung machen."
Die Tränen hatten sich wieder eingestellt und ich kramte in meiner Hosentasche nach einem Taschentuch. Ich wischte mir die Tränen weg, um wenigstens eine halbwegs klare Sicht zu haben.
"Die Verletzungen die sie im Inneren erlitten hat sind stark. Aber auch nicht so stark, dass ich sagen müsste, dass keine Hoffnung besteht. Wenn sie einen starken Willen hat, kann sie es durchaus schaffen. Aber genauso kann auch das Gegenteil eintreten, so leid es mir tut. Wir müssen abwarten. Von medizinischer Seite haben wir alles versucht und getan Miss Bennett. Jetzt liegt es an der Kleinen."
Mein Blick glitt von dem Arzt weg zu der Tür hinter der sie lag.
"Gehen Sie am besten nochmal zu ihr."
"Ja. Danke."
Kaum war ich eingetreten blickten mich Nate und Alice fragend an. Ich schüttelte als Antwort nur den Kopf. Es sah nicht gut aus. Das war eigentlich der Sinn des Gespräches von mir und dem Arzt. Nate stand auf, damit ich mich erneut an Bais linke Seite setzen konnte.
"Könntet ihr vielleicht rausgehen?", fragte ich bittend.
Augenblicklich erhoben sich beide und verschwanden aus dem Zimmer. Ich konnte nicht mehr! Ich hatte keine Kraft. Sie würde es nicht schaffen. Sie war zu klein, musste schon viel zu viel mitmachen. Und das Schlimme war, dass nur ich an ihrem Bett mit bangte. Unsere Mutter schlief vielleicht gerade ihren Rausch aus, nicht wissend das eines ihrer Mädchen um ihr Leben kämpfte. Ich

legte meinen Kopf neben ihren und quetschte mich so gut es ging neben sie, ohne runter zufallen. Und dann begann ich zu weinen. Ich ließ den ganzen Schmerz einfach hinaus. Den Schmerz, von zwei Menschen Abschied nehmen zu müssen. Den einen, weil Welten zwischen uns lagen und in dem Jahr zu viel passiert war, als das es noch eine Chance zwischen uns gegeben hätte und ich trotzdem vermisste. Auch jetzt schon, während er irgendwo gerade sang und seinen Auftritt vollzog. Der zweite Mensch, weil sie nicht die Kraft aufbringen würde zu kämpfen. Weil sie zu schwach war sich der Herausforderung zu stellen und es unmöglich war in diesem Kampf zu gewinnen. Über mich, dass ich ihr nicht mehr geben konnte. Das ich ihr ihre Mutter nicht ersetzen konnte und die meiste Zeit die Rolle der strengen Schwester übernommen hatte. Ich ließ einfach meinem Kummer hinaus und hielt ihren Körper so fest wie möglich, nicht wissend wie lange ich es noch konnte.

Neill POV:

Unermüdlich schrieb ich meinen Namen auf hunderten von diesen Karten und schenkte den Fans ein Lächeln. Wobei es eher ein Mundwinkeln nach oben ziehen war. Mir war nicht nach Lachen zumute. Die Songs zu singen hatte ich halbwegs hinbekommen. Doch konnte ich bei den Liedern meine Augen nicht von den freien Plätzen abwenden. Zu sehr kreisten meine Gedanken um sie.
"Neill, könnte ich vielleicht ein Foto von dir haben?", fragte mich ein schwarzhaariges Mädchen.
Bejahend nickte ich, erhob mich von meinem Stuhl und ging um unseren Tisch herum, um mich neben sie zu stellen. Das Mädchen legte ihren Kopf neben meinen und gemeinsam lächelten wir in die Kamera.

Ich hatte nicht mal ein Foto von Mailey. Hatte ich nie gebraucht und würde ich auch nie brauchen. Ihr Bild war in meinem Herzen eingebrannt.
"Wir bedanken uns, dass ihr gekommen seid und hoffentlich Spaß hattet.", bedankte sich James zum Schluss der Veranstaltung bei den kreischenden Mädchen und wir verschwanden nach einen 'Auf Wiedersehen' wieder in den hinteren Bereich des Schiffes, während die Sicherheitsmänner die Fans nach draußen begleiteten. Die zwei Stunden waren für mich die reinste Tortour gewesen.
"So geschafft für heute.", atmete John durch. "Dann nehmt eure Sachen und ab zum Flughafen."

Die Fahrt verlief für unsere Verhältnisse sehr still. Und obwohl ich die Jungs nicht ansah, merkte ich das ihre sorgenvollen Blicke auf mir lagen. Sie suchten wahrscheinlich nach den richtigen Worte, doch im Moment war ich einfach froh, dass sie ruhig waren.
Am Flugplatz angekommen, war es schon dunkel geworden und die Laternen leuchteten unseren Weg zum Flugzeug aus, welches uns zurück nach England fliegen sollte.
Ich lehnte mich in meinem Sitz zurück und breitete die Decke über meine Beine aus. Ich wollte die Zeit nutzen und etwas schlafen. Das Flugzeug stand in seiner Startposition, während der Motor schon warm lief.
Mit einem 'Auf nach England' ließ sich Lewis auf den Sitz gegenüber von mir plumpsen und lächelte mich an. Gequält lächelte ich zurück.
"Und nun?", fragte er.
"Was und nun?"
"Was machen wir jetzt mit Mailey?"
"Gar nichts."
"Meinst du nicht..."
"Nein!", unterbrach ich ihn forsch und sah durch das Fenster nach draußen.

"Wir starten jetzt.", informierte John uns.
Schon rollte das Flugzeug an und bekam immer mehr Geschwindigkeit. Immer schneller strichen die Lichter an uns vorbei, bis wir von dem Druck des Abfluges in die Sitze gedrückt wurden. Immer höher und höher stiegen wir hinauf. Die Lichter von Dublin funkelten nur so in der Nacht.
"Was ist denn das?", fragte Edward, der sich seine Nase an der Scheibe halb platt drückte. Interessiert schaute ich ebenfalls raus.
"Ein Hotel?"
"Nein, dass ist das Krankenhaus von Dublin.", erklärte uns John.
"Das sieht schick aus mit den ganzen Lichtern.", äußerte ich meine Meinung.
"Oh ja."
Tausende von Lichtern leuchteten in dem dunklen Gebäude und ich beobachte wie es immer kleiner würde. Was bedeutete, dass wir uns immer mehr von Dublin entfernten und ich Abschied nehmen musste von ihr. Doch sie war in meinem Herzen und ich ahnte schon, es würde schwer werden sie daraus zu bekommen. Über ein Jahr war sie schon da drin. Aber ich musste es schaffen. Sie war nicht länger mein Mädchen mehr. Sie war jetzt vielleicht bei einem von diesen unzähligen Lichtern und am besten noch mit ihm zusammen. Ich war nie ein Teil von ihr oder ihrem Leben gewesen und sie nie von meinem.
Wie meine Mutter immer so schön sagte: 'Es gibt Menschen die begleiten dich auf deinem Weg durch das Leben und gehen dann. Aber gleich darauf kommen Neue hinzu.'
Sie war eine von diesen gewesen. Nur hatte sie mich zweimal begleitet. Aber es war eben nichts auf Dauer und ich musste die Wahrheit leider hinnehmen. Ob mein Herz dies wahr haben wollte oder nicht. Es war Tatsache. Und das Erste was ich machen würde, wäre ihre Briefe zu entsorgen. Wenn ich mich von ihr trennen wollte, musste ich da anfangen. Ich blickte ein letztes Mal auf Dublin hinab und schloss dann meine Augen.

"Leb wohl.", sagte ich leise, als ob sie es hören könnte. Ich wünschte ihr von Herzen alles Gute und das sie glücklich werden würde. Denn sie hatte es verdient, nur würde ich nicht dabei sein, wenn sie es war oder lachen würde. Aber die Momente mit ihr waren in meinem Gedächtnis fest eingebrannt.
"Ich schlafe ein bisschen.", informierte ich Lewis. Der Braunhaarige zog sich einen Ohrstöpsel hinaus und sah mich auffordernd an.
"Ich schlafe jetzt.", wiederholte ich meine Worte.
"Geht klar."
Ob ich wirklich schlafen könnte war die andere Sache, aber versuchen wollte ich es wenigstens.

Kapitel 13 - Kraftlos

Neill POV:

"Neill?", nahm ich eine Stimme im Unterbewusstsein war. "Neill, du musst wach werden."
Verschlafen rieb ich mit meinem Handrücken über meine Augen und blinzelte Lewis verschlafen an.
"Sind wir schon da?", murmelte ich müde.
Bestätigend nickte Lewis. "Wir müssen ins Taxi und das fährt uns dann zum Hotel, wo du dich erst einmal ausschlafen kannst."
Ausschlafen klang gut. Immer noch leicht benommen, packte ich meine Decke und alles andere in meinen Rucksack und schwang mir diesen über die Schulter. Mit einem Blick zurück vergewisserte ich mich nochmal, dass ich auch wirklich alles dabei hatte und nichts liegen lassen würde. Das Taxi hatte schon vor dem Hintereingang geparkt und Edward sowie James saßen schon drin. Die beiden hatten sich aneinander gelehnt und schliefen auch. Leicht musste ich schmunzeln. Ich war also nicht der Einzige der hundemüde war.
"Wie lange fahren wir noch?", fragte ich leise den Fahrer, um die beiden nicht zu wecken.
"Ungefähr eine dreiviertel Stunde bei dem jetzigen Verkehr würde ich vermuten."
Okay, das reicht um noch ein wenig die Augen zu schließen.
"Wenn du jetzt schläfst, kannst dann vielleicht nicht mehr schlafen.", bemerkte Zack und blickte mich an.
"Mir egal.", gab ich trotzig von mir und polsterte mir seine Schulter aus, um es wenigstens ein bisschen angenehm am Kopf zu haben. Der Schwarzhaarige war anscheinend nicht müde oder erschöpft und zückte sein Handy aus der Hosentasche.

Das Taxi hatte sich in Bewegung gesetzt und so fuhren wir durch die Straßen Oxfords.
"Kannst du das mal dunkler machen?", fragte ich Zack in leicht meckerndem Ton.
"Was?"
"Dein Handydisplay leuchtet voll!", beschwerte ich mich.
Zack stöhnte kurzzeitig auf und stellte es mit einem: "Auch noch Ansprüche stellen." dunkler.
Zufrieden schloss ich meine Augen. Obwohl, zufrieden konnte man meinen Zustand nicht wirklich nennen. Der Tag war heute alles andere als zufrieden verlaufen.

Mit einem Ruck kam das Taxi zum Stehen und eine frische Brise wehte hinein. John hatte die Tür geöffnet und uns gesagt, dass wir schon mal ins Hotels gehen sollten. Ich griff meinen Rucksack am Henkel und quälte mich langsam aus dem Auto. Alles wonach ich mich im Moment sehnte war ein warmes Bett. Okay, ein Bett war auch schon super, musste nicht unbedingt warm sein. Ich wollte einfach nur in einem Kissen versinken und an nichts und niemanden mehr denken müssen.
"Los ein bisschen schneller!", trieb uns John zur Eile an.
"Irgendwann, irgendwann räche ich mich!", murrte Edward.
Leicht grinsend beobachtete ich wie der Lockenkopf vor mir verschlafen in die Lobby des Hotels torkelte, ehe ich ihm folgte.
Das grelle Licht ließ mich meine Augen zusammenkneifen.
Vorsichtig öffnete ich sie einen Spalt und suchte nach etwas, auf dem ich mich niederlassen konnte. Der Stuhl, welcher in meiner Nähe stand, war dabei meine erste Wahl. Eben als ich mich hingesetzt hatte, vernahm ich erneut Johns durchdringende Stimme. James stützte sich mit dem Ellbogen auf dem Tresen ab und blickte genauso genervt drein wie der Rest von uns.
"Was für eine müde Mannschaft!", zog John uns auf.

"Ich würde an deiner Stelle zum Punkt kommen, denn die 'Mannschaft' hat keinen Bock mehr auf irgendetwas heute!", fauchte Edward ihn an.
"Ihr seid richtig wilde Tiger 'ne?", stichelte er aber ironisch weiter.
"Ich glaube mein Schwein pfeift.", beschwerte sich nun auch Lewis.
Ich sah mir das Geschehen nur an, zum Mitreden fehlte mir im Moment völlig die Kraft.
"Gut, dann hier eure Zimmerschlüssel."
Damit reichte er einem jeden von uns so ein goldenen Gegenstand. Manchmal fragte ich mich, ob die Hotels nicht eine bessere Verwendung von ihrem Geld hätten, als es in goldene oder silberne Schlüssel zu investieren.
"Dann ab ins Bett." Mit diesen Worten entließ uns John endlich und wir konnten den Fahrstuhl Richtung Bett nehmen. Erleichtert warf ich meinen Rucksack über meine Schulter und folgte meinen Jungs.
"Die Jugend von heute.", hörten wir ihn noch zu Lou sagen.
"Kaputt vom Nichts machen."
Nichts machen, das Gedanken und Gefühle einen seelisch auch auslaugen können, davon schien sie keine Ahnung zu haben. Der Fahrstuhl erreichte unsere Etage und mit einem "Gute Nacht" verschwand jeder in seinem Zimmer. Ich schloss die Tür hinter mir und atmete einmal tief durch. Als ich mich im Raum umsah, stellte ich mal wieder erneut fest, dass das 'Zimmer' eher einer Villa von innen glich. Ich ließ mich rücklings auf das Bett fallen und starrte an die Decke. Überall waren die Decken weiß gestrichen, warum nur? Ich rieb mit meinen Händen über meine Augen und sah mit einem Mal ihre grau-blauen Augen vor mir. Sofort öffnete ich meine Augen wieder.
"Okay, ganz schlechte Idee.", sagte ich zu mir und erhob mich. Mit zielgerichteten Schritten lief ich auf meinen Rucksack zu und warf ihn auf das Bett. Ich zog meine Schuhe aus und stellte sie neben

der Tür auf das Regal. Ich wusste das das keine gute Idee war was ich vorhatte, aber ich musste es ein letztes Mal machen.

Mailey POV:

"May...", sagte Alice zaghaft und strich mir meine Haare aus dem Gesicht. "Wir müssen leider gehen."
Verneinend schüttelte ich den Kopf. "Ich geh hier nicht weg. Ich lass sie nicht allein.", erwiderte ich trotzig. Nichts und niemand würde mich von Bai wegbekommen, nicht in ihrem Zustand. Was wenn sie aufwachen würde und ich wäre nicht bei ihr? Was wenn es sich verschlechtern würde und sie denken würde, dass ihr niemand helfen würde? Oh nein!
"Ich bleibe!", machte ich erneut meinen Standpunkt klar.
Ich konnte hören, wie Alice bedrückt aufseufzte. Sie setzte sich neben mich, auch wenn da so gut wie kein Platz war.
"May, sei vernünftig. Wir müssen gehen. Wir kommen doch auch morgen in aller Frühe wieder zurück."
Vernünftig? Mein ganzes Leben musste ich vernünftig sein oder hatte es versucht und nun? Geholfen hatte es mir auch nicht. Ich ließ mich nie auf ein Risiko ein, die Gefahr das es schief laufen würde war nun mal zu hoch.
"Mailey.", mischte sich Nate nun ein und seine Stimme brachte mich wieder dazu von neuem loszuweinen und Bai vorsichtig an mich zu drücken. Ich versteckte meinen Kopf in ihren Haaren und zog ihren Duft ganz tief ein.
"Komm." Er griff mit seinem Arm unter meinen Oberkörper und wollte damit, dass ich mich aufsetzte. Mit der Kraft, die noch in mir vorhanden war, sträubte ich mich zutiefst dagegen.
Anscheinend merkte er, dass er keine Chance hatte, denn er ließ meinen Körper los.
"Schau mal, wenn du hier sitzt und weinst, bringt das Bai nicht viel. Sie muss doch kämpfen Mailey."

Ich verhielt mich einfach nur still und lauschte seinen Worten. "Und wenn sie merkt, dass du hier weinst und völlig fertig bist, kann sich ihr Körper doch gar nicht darauf konzentrieren sich zu reparieren."
Ich dachte über seine Worte nach und kam wider sträubend zu dem Schluss, dass Nate wahrscheinlich recht hatte. Ich blickte in seine Augen die mich aufmunternd ansahen und stand vom Bett auf.
Mich für diesen Tag ein letztes Mal über Bai vorbeugend, gab ich ihr einen Kuss auf ihre kalte Stirn.
"Komm bald nach Hause mein Engel.", flüsterte ich leise.
Nate und Alice verabschiedeten sich auch von ihr und führten mich dann nach draußen. Kaum stand ich vor dem Krankenhaus, wäre ich am liebsten umgedreht und wieder hineingerannt.
"Wo habt ihr geparkt?", fragte Nate uns.
"Da drüben." Mit dem Finger zeigte ich auf den Parkplatz.
"Kannst du Auto fahren Alice?"
"Ja."
"Dann würde ich es besser finden, wenn du fahren würdest. Mailey ist in ihrem Zustand nicht in der Lage."
"Aber ich weiß nicht wo May wohnt.", gab sie zu bedenken.
"Ich fahre vor dir und du folgst mir einfach."
Wir stiegen alle ins Auto und Alice startete den Motor, um Nate hinterher zu fahren. Der Gedanke mich mit jeder Sekunde von ihr zu entfernen, trieb Tränen in meine Augen.

Kapitel 14 - Buntes Erinnerungsfarbspiel

Mailey POV:

Nach 26 Minuten Fahrt hielt Nate vor der Einfahrt von unserem Haus. Die Autotür knallte zu und Alice drückte auf den Knopf, um das Fenster herunter zu lassen.
"Am besten kommst du, wenn du ein kleines Stück noch vor fährst und dann rückwärts in die Garage einlenkst."
"Ich kann es ja mal probieren.", meinte sie unsicher.
"Oder soll ich es machen?", bot Nate an.
"Das wäre nett.", willigte sie ein.
Wir beide stiegen aus und Alice nahm ihren Koffer aus dem Kofferraum und folgte mir ins Haus. Ich brauchte gar nicht meinen Schlüssel hervor zu holen, da öffnete auch schon meine Grammy die Haustür.
"Oh Gott May!", mit diesen Worten fiel sie mir in die Arme. Auf der Fahrt über hatte sich immer mehr eine emotionslose Phase über mich gelegt. Wie in Trance strich ich ihr über ihren gekrümmten Rücken und ging Stück für Stück mit ihr rückwärts ins Haus.
"Ich habe das Auto geparkt und die Garage zu gemacht.", informierte uns Nate. Ich drehte mich zu ihm um und nickte. Der Schwarzhaarige legte meinen Autoschlüssel auf die Kommode und nahm mich in den Arm.
"Versuch zu schlafen Mailey."
Ich schloss meine Augen und kuschelte mich enger an seinen Pullover.
"Du brauchst deine Kräfte. Ich komme morgen vorbei und dann können wir wieder ins Krankenhaus fahren.", bot er mir an.
"Du musst doch arbeiten.", warf ich ein und sah zu ihm auf.
"Ich bekomme das schon geregelt."
"Nein, lass mal ich fahre allein.", bestimmte ich.

"Ich komme mit."
"Das brauchst du nicht Nate. Ich kann sie ja auch begleiten.", sagte Alice.
"Und ich würde gerne auch zu Bailey ins Krankenhaus.", warf Grammy ein.
Er sah uns drei nacheinander an, willigte zum Schluss aber ein.
"Na gut. Aber ich komme abends vorbei, okay?"
Ich brachte ihn noch zu Tür und sah zu wie er in sein Auto stieg und dann nach Hause fuhr.
"Jetzt erzähle mir alles.", drängte mich Grammy.
Ich atmete einmal tief durch.
"Ich zeig erst Alice ihr Zimmer. Es war ein langer Tag für sie."
Meine Freundin nahm ihren Koffer und folgte mir die Treppen nach oben in die zweite Etage.
"Hier wäre es." Mit diesen Worten öffnete ich die alte Holztür und präsentierte Alice ihr Zimmer.
"Danke. Ich glaube ich geh dann auch gleich schlafen."
Sie nahm mich in die Arme und drückte mich ganz fest.
"Du bist so stark May."
Verneinend schüttelte ich den Kopf.
"Doch."
Ich schüttelte immer noch den Kopf und sah sie mit wässrigen Augen an. Sie strich mit ihren Daumen über meine Wange.
"Warum denn nicht?"
"Weil ich alles verkehrt mache.", sagte ich leise.
"Ach Quatsch." Sie zog mich wieder zu sich ran und streichelte mir über den Rücken. Mein Schluchzen konnte ich erneut nicht unter Kontrolle halten. Wie viel ich heute schon geweint hatte, wusste ich nicht.
"Was machst du denn verkehrt?"
"Ich habe es nicht geschafft Mum vom Alkohol wegzubekommen, auf Bai aufzupassen und mit ihm habe ich auch alles versaut. Ich schaffe einfach nichts.", antwortete ich unter Tränen.

"Du gehst jetzt erst einmal schlafen und dann reden wir morgen nochmal, ja? Du bist völlig fertig!"
Ich nickte und wischte mir mit dem Ärmel die Tränen aus dem Gesicht.
"Schlaf gut."
"Du auch."
Ich ging schwerfällig die Treppen nach unten. Im Wohnzimmer brannte noch Licht. Auf dem Tisch stand eine dampfende Tasse Tee und Grammy hatte ihre dicke Wolldecke auf dem Platz neben ihr ausgebreitet liegen.
"Wo ist Mum?", fragte ich und kuschelte mich neben sie auf die Couch.
"Im Bett, sie schläft."
Ich legte meinen Kopf in Grammys Schoss und begann von Bai zu berichten. Manchmal unterbrach ich meine Erzählung, um einen Schluck von meinem heißem Tee zu nehmen.

Neill POV:

Ich ging zum Schreibtisch, der sich in dem Nebenzimmer befand und suchte mir eine Schere raus. Zusammen mit dem Papierkorb kehrte ich wieder zu meinem Bett und setzte mich drauf. Ein Kissen hatte ich mir in meinen Rücken gestopft und so konnte ich mich besser anlehnen. Ich winkelte meine Beine an, stellte den Korb zwischen meine Beine und suchte nach dem ersten Umschlag in meinem Rucksack.
Den ersten farbigen Brief welchen ich in die Hände bekam war vom 07.05.2013. Vorsichtig öffnete ich ihn.

Hi Neill,
Sorry, dass ich mich solange nicht bei dir gemeldet habe. Weißt du mir ist etwas ganz schreckliches passiert: ich

kann ein paar Briefe, die ich an dich geschrieben habe einfach nicht mehr finden. Um genau zu sein habe ich Vier geschrieben und sie sind weg. Ich habe überhaupt keine Ahnung wo ich sie hingeräumt haben könnte. Alice und ich haben schon mein ganzes Zimmer durchgesucht oder besser gesagt auf den Kopf gestellt und sie nicht gefunden. Die Briefe sind einfach weg, das sind die vom 08.03., 09.03, 12.03. und 17.03. Gut, aber was macht deine Tour?

Okay, ich muss nochmal anfangen mit den verloren Briefen. Weißt du es macht mich wahnsinnig, es sind ja meine Tagebücher und wenn meine Mutter die findet bin ich am scheitern. Schließlich geht ja niemanden meine Gefühle etwas an und vor allem nicht sie!

Aber okay, ich finde mich damit ab. Auch wenn es mich immer wieder beschäftigt. Die Ungewissheit macht mich verrückt.

Doch nun zu etwas genialem: es ist bald euer Konzert. Dann kann ich dich endlich sehen! Du weißt nicht, wie aufgeregt bin. Vielleicht springst oder lachst du auch mal, ich würde da zu gerne live mal von dir sehen und nicht immer nur auf den Videos. Oh man, ich würde dich wirklich gerne mal springen sehen, du ahnst nicht wie sehr!. Auf den Videos sieht das immer so hoch aus und dein Lachen es ist irgendwie befreiend. Du bringst mich damit auch zum Lachen, obwohl du es ja nicht mit Absicht machst. Hoffentlich ist auch irgendwas Lustiges auf dem Konzert, das du auch aus vollem Herzen lachen musst. Hauptsache ich kann von meinem Platz auch gut sehen. Der ist nämlich im Oberrang 418, Reihe 8, Platz 6. Ich habe gerade auf das Ticket geschaut. Allein wenn ich

daran denke werde ich nervös, eigentlich dämlich, denn ich muss ja nicht auf die Bühne so wie du.
Was machst du sonst so? Geht es dir gut? Ich war bei Alice, meiner Freundin, letzte Nacht und hab bei ihr geschlafen. War schön mal so allein unter Freundinnen, weg von meinen ganzen Problemen. Wenn wir uns mal treffen, musst du mich auch deinen Jungs vorstellen. Ja? Bitte!
Ich hab dich so lieb! Vergiss mich nicht.
Deine May.

'Vergiss mich nicht.' Immer und immer wieder las ich mir diesen Satz durch. Mein Atem war schwerfälliger geworden. Meinen Kopf nach hinten lehnend überlegte ich. 'Vergiss mich nicht.' Doch genau das war mein Ziel. Ich musste es machen. Die Jungs konnten keinen gebrauchen der die ganze Zeit nur einem Mädchen nachträumte, die schon glücklich vergeben war. Ich musste mich wieder auf das eigentliche: unsere Band, unsere Musik, unsere Fans konzentrieren. Okay, Fans war nicht so gut, schließlich war sie auch ein Fan. Ich sah zur Schere neben mir, griff kurz entschlossen zu und zerschnitt den Brief. Die kleinen grünen Teilchen flatterten alle nacheinander in den Papierkorb. Weg waren sie, ihre Worte. Unschlüssig ob ich die anderen Briefe auch lesen sollte, sah ich noch einmal in den Korb.
"Nicht drüber nachdenken.", sagte ich mir und griff den nächsten vom 08.03.2013

Hey Neill,

Na, wie geht es dir? Mir soweit ganz gut, außer dass ich gerade ein bisschen Stress in der Schule habe. Aber ich will nicht meckern, du hast ja auch nicht viel weniger zu

tun, bei deinem vollen Terminkalender. Wie läuft es eigentlich gerade mit deiner Tour? Ihr seid in London, wenn ich richtig informiert bin, nicht? Also gar nicht so weit weg von mir, um ganz genau zu sein, nur eine Stunde und vierzig Minuten. Na ja egal. Ich freue mich jedenfalls voll, denn ich habe Karten für euer Konzert am 11. Mai, hier in Oxford bekommen! Ich bin ja schon aufgeregt, wenn ich nur daran denke!

Und sonst so? Was machen Edward, James, Lewis und Zack? Immer noch die alten?

Meine Mum hat im Moment viel mit der Arbeit zu tun. Sie ist von früh bis spät unterwegs und hat kaum Zeit irgendetwas im Haushalt zu erledigen, geschweige denn sich groß um uns beide zu kümmern. Da Bai noch zu jung ist, um Haushaltszeug zu erledigen, bleibt das meiste an mir hängen, inklusive ihrer Erziehung. Das ist gar nicht so einfach, glaub mir! Immerhin gehe ich noch zur Schule und werde dieses Jahr für meinen Abschluss lernen müssen. Aber weißt du was mir eben einfällt? Ich habe dir, glaube ich, noch gar nicht von meiner kleinen Schwester erzählt, oder? Sorry, dann hol ich das mal ganz schnell nach. Also, wo fang ich an? Bai ist gerade mal süße, besser gesagt nervige, vier Jahre alt und heißt eigentlich Bailey.

Ja, ich weiß, Mailey und Bailey... war das so gedacht von meinen Eltern? Und die Antwort lautet: Nein.

Ich werde immer nur May gerufen von allen und dadurch hat niemand gemerkt, dass Mailey und Bailey fast die gleichen Namen sind. Aber mich stört es nicht und weil mir ihr Name sowieso zu lang ist, ruf ich sie auch immer nur Bai. Aber soll ich dir etwas sagen? Manchmal hört sie

sogar auf ihre große Schwester. Bai geht außerdem seit dem letzten Monat in den Kindergarten, was für mich echt eine Erleichterung ist, weil ich, wenn ich nach Hause komme sowieso erst einmal mit dem Saubermachen beschäftigt bin. Gegen 16 Uhr hole ich sie dann meistens ab und Zuhause spielen wir immer noch etwas zusammen, bis dann Abendbrotzeit ist, nach der sie sich bettfertig machen muss. Kurz bevor Bai schlafen geht, kommt unsere Mutter von der Arbeit, sagt ihr noch Gute Nacht und dann war es das. Du fragst dich, wie sie aussieht? Niedlich. Also meine Schwester. Meine Mutter findest du bestimmt nicht mehr niedlich. Bai hat lange, hellblonde Haare und blau-grüne Augen, so ungefähr wie du oder besser gesagt, so wie ich mir deine Augen vorstelle. Viele von meinen Verwandten sagen, dass Bai und ich uns sehr ähnlich sehen, obwohl ich vierzehn Jahre älter bin als sie! Aber gut, so etwas kann ich schlecht beurteilen, meine Verwandten müssen es ja wissen. Solange sie nicht sagen, dass ich wie meine Mutter aussehe, bin ich zufrieden.
Du Neill, ich werde jetzt Schluss machen. Ich merke wie ich langsam müde werde und gehe also lieber schlafen. Ich lasse aber bald wieder von mir hören!
Hab dich lieb <3
Deine May

Stimmt Bailey. Wie sie jetzt wohl aussah? Es war lange her, dass sie mir in Mays Wohnzimmer gegenüberstand und mich mit ihren großen Augen ansah und meinte: 'Das ich nicht glücklich aussehe.' Die Kleine hatte wirklich große Augen gehabt. Die Niedlichkeit und das hübsche Aussehen hätte sie auch von ihrer Schwester

haben können.
Aber lange hielt der Brief auch nicht und ich zerschnitt ihn ebenfalls. Jetzt lagen in dem Papierkorb schon grüne und rosafarbene Schnipsel.
Es war nicht gut. Es war nicht gut für mich sie alle nochmal zu lesen. Klar ich hatte ihre Briefe schon oft gelesen, dementsprechend sahen sie auch aus, aber nie war es so ein endgültiges Gefühl gewesen, welches mich dabei beschlichen hatte. Aber ich konnte sie nicht einfach so wegschmeißen. Der grüne Brief war vom 12.03.2013

Hallo Neill,
Ich muss mit dir reden. Na ja schreiben vielmehr. Obwohl, manchmal frage ich mich wirklich ob ich nicht schon ein wenig verrückt bin dir immer Briefe zu schreiben, da ich ja weiß das du sie nicht lesen wirst. Aber weißt du, ich schreib dir gern und mir hilft es in dem Moment einfach.

Ihr hatte es geholfen und bei mir hatte es angefangen mich verrückt zu machen.

Also nun zu meinem eigentlichen Anliegen: Du suchst ne Freundin per Twitter? Echt jetzt?
Na ja, ist ja eigentlich nur realistisch, dass du eine Freundin suchst. Das ich deine bin weißt du ja nicht: leider. Leider sollen wir uns nicht kennen und leider sollst du auch nicht wissen, dass es mich gibt. Aber denk ja nicht, dass ich mich bewerben werde. Eine Chance hätte ich bei der Masse eh nicht und außerdem wie hoch wäre die Wahrscheinlichkeit, dass du genau mich aussuchen würdest? Sehr gering. Und wie hoch wäre die

Wahrscheinlichkeit, dass du mich auch noch mögen würdest? Ich glaube noch geringer.
Aber hey, du hast schon über 3098 Bewerbungen: Respekt. Ich glaube das lässt sich was finden.
So viele Mädchen, die alle deine Freundin sein wollen. Bei mir war gerade mal ein Junge, der Interesse für mich gezeigt hatte und dass ist über zwei Jahre her. Krass, oder? Ich hab keine Ahnung was mich von anderen Mädchen unterscheidet. Aber ich habe das Gefühl, dass die Jungs mich meiden, was magst du eigentlich an Mädchen? Was ist dir wichtig an ihnen? Mein Freund muss auf jeden Fall Humor besitzen und tanzen können, so wie du. Ich schau mir gern die Videos von dir auf YouTube an, wenn du so lustig tanzt oder jemand deine ganzen Lachen zusammen geschnitten hat. Automatisch muss ich dann immer mit schmunzeln, da sie wirklich ansteckend ist. Hilft mir jedenfalls bei schlechter oder trauriger Stimmung. Aber mein Freund sollte auch Geheimnisse für sich behalten, sodass ich mich ihm jederzeit anvertrauen kann. Das sind so ein paar Punkte die mir wichtig sind. Oft träum ich auch wie es wäre wenn wir uns kennen würden oder ich vielleicht eine ferne Verwandte von dir wäre. Aber wie so oft sind es eben nur meine Fantasien oder Träume und nie etwas reales, dazu bin ich zu unbedeutend. Deswegen möchte ich dich jetzt nicht weiter nerven, du hast ja auch zu tun, da lass ich dich jetzt mal in Ruh. Vorläufig erst einmal.
Du fehlst mir Neill!!! Ich liebe dich <3
Fühl dich gedrückt von mir.
Deine-dich-lieb-habende-May.

Wenn ihr Freund so sein sollte wie ich, warum hatte sie mir nie eine Chance gegeben ihr zu zeigen, dass ich auch ihr Freund hätte sein können? Ich hatte gedacht, spätestens damals auf dem Eis beim Schlittschuh fahren, dass sie gemerkt hat, wie sehr ich sie mag. Jedes Mal wenn Edward nur in ihre Nähe gekommen war, hatte mich die Eifersucht förmlich aufgefressen und ich hätte ihm am liebsten weggesperrt. Obwohl ich sonst ja überhaupt nicht eifersüchtig bin, aber sie war damals mein Mädchen gewesen.
Ich las und zerschnitt den Rest der Briefe ebenfalls. Beim letzten hielt ich aber erneut inne. Es war auch ihr letzter Brief an mich gewesen. Ihr Entschuldigungsbrief, wie ich ihn nannte. Der Brief, der mich dazu gebracht hatte zu ihr zu fahren, um nur im Endeffekt eine leere Wohnung aufzufinden. Meine Finger strichen über das gelbe Papier und meine Augen begannen von ganz allein ihre Zeilen aufzusaugen. Ich wusste dass ich diesen intensiv lesen würde, um mich dran erinnern zu können.

Hey Neill,

Ich bin es wieder May. Ja, aber diesmal muss ich dir etwas sagen. Und ich dachte ich schreib es dir lieber, als das ich es dir ins Gesicht sage, denn ich weiß nicht, ob ich das schaffen würde.
Es hat mit allem zu tun: mit dir, mit mir, mit uns und meinen Briefen.
Glaub mir, ich weiß nicht wo ich anfange soll. Ich weiß auch nicht, wie du danach über mich denken wirst oder was aus uns werden wird, ob wir befreundet bleiben oder nicht.
Der Grund warum ich dir nicht mehr geschrieben habe war, dass es meine Tagebücherbriefe waren, die du gelesen hast. Denn eigentlich hab ich sie nur für mich als

Ersatz für das Tagebuch geschrieben und du solltest sie auch nicht bekommen. Theoretisch sollte niemand die Briefe lesen, aber meine Mum hatte gedacht ich hab sie an einen Freund geschrieben und abgeschickt. Ja und dann hast du sie eben erhalten. Mir war es peinlich, dass du sie gelesen hattest und deshalb habe ich dir keine mehr geschrieben. Was ich dir aber eigentlich sagen will ist, am Besten sag ich es einfach frei raus und hoffe, dass du nicht zu sehr ausflippst: Ich bin May - also die die du als Alice kennst ist nicht Alice, sondern ich. Wir haben damals die Namen getauscht und zwar aus dem Grund
Neill? Es tut mir leid!
Den oberen Teil hatte ich geschrieben, bevor du zu mir gekommen bist. Ich hatte vor dir alles zu erzählen, eher zu schreiben, doch leider warst du zu früh hier oder ich zu spät. Okay, ich war zu spät, denn ich hätte das Spielchen erst gar nicht anfangen dürfen.
Ich weiß nicht und kann nur hoffen, dass du mir glaubst, aber ich bereue, es dir nicht gleich gesagt zu haben. Vielleicht wäre da vieles anderes gelaufen, nein es wäre vieles anders gelaufen! Ich konnte dir leider nicht antworten, als du bei uns in der Stube saßt, sonst hätte ich zu weinen angefangen. Mir ist durchaus bewusst, dass ich es dir schuldig gewesen wäre.
Ich kann nur sagen es tut mir von Herzen leid! Bitte verzeih mir!
Und was ich noch sagen will, bevor ich mich verabschiede: Ich hab dich wirklich sehr gern bekommen!
Deine May

"Ich verabschiede mich auch von dir.", sagte ich und zerriss diesen Brief.
Mein Papierkorb, welcher zwischen meinen Beinen stand, war jetzt das reinste Farbspiel aus Papierschnipseln. May hatte fast nie die gleichen Farben genommen. Jede Farbe stand für einen Brief. Einen Brief der sich in meinem Herzen festgesetzt hatte. Einen Brief mit dem ich mich immer mehr in ein Mädchen verliebt hatte, die es gar nicht gab. In ein Mädchen, die nicht die war, für die ich sie gehalten hatte.
Ich mischte mit meiner Hand einmal den Haufen ordentlich durch und stellte dann den Korb wieder unter den Schreibtisch. Auch die Schere legte ich wieder an ihren Platz. Morgen wenn die Reinigungskraft kommen würde, wären sie endgültig weg. Das ich mir aber eigentlich was vor machte, versuchte ich zu verdrängen. Nur weil ich ihre Briefe nicht mehr hatte, gab es noch mein Gedächtnis mit den ganzen Erinnerungen und davon hatte es leider viel zu viel gespeichert. Ich atmete tief durch und sah in den sternenklaren Himmel. Der Anfang war gemacht. Der Anfang dieses grau-blauäugige Mädchen mit den dunkelblonden Haaren zu vergessen und gehen zu lassen.

Kapitel 15 - Klartext

Neill POV:

Noch im Halbschlaf drehte ich mich im Bett um und kuschelte mich mehr ins Kopfkissen. Doch irgendwas störte mich, als ich meine Füße ausstrecken wollte. Genervt darüber, dass ich nicht richtig schlafen konnte oder besser gesagt mich so hinlegen konnte wie ich wollte, richtete ich meinen Kopf auf und blinzelte.
"Auch schon aus dem Schlaf erwacht?", lächelte mich James an, welcher an meinem Bettende saß.
Frustriert stöhnend ließ ich mich wieder in mein Kissen fallen.
"Geh weg.", gab ich verärgert von mir und schloss meine Augen.
"Ihr habt gesagt ich kann ausschlafen!", stellte ich klar.
"Kannst du doch auch."
"Aber du hast mich geweckt.", murmelte ich.
"Ich sitze hier doch nur."
"Eben."
"Außerdem ist es schon Nachmittag, mein Lieber.", neckte er mich.
"Mir doch egal."
Ich öffnete meine Augen, nur um in James musterndes Gesicht zu schauen.
"Was?"
"Was ist los?"
Verwirrt sah ich in seine braunen Augen. "Was soll schon los sein, ich bin müde."
"Mag sein, aber das ist nicht der Grund, dass du mich voll maulst."
Ich atmete einmal tief durch. "Ich habe gestern ihre Briefe zerschnitten.", flüsterte ich, aber James verstand mich.
"Ach das war der bunte Haufen im Mülleimer."
Bestätigend nickte ich.
"Na los komm. Wir müssen langsam zur Arena fahren."

Ich schwang meine Beine aus dem Bett, blieb aber auf diesem sitzen und starrte auf den Boden.
"Meinst du es war richtig?", zweifelte ich.
James legte überlegend seinen Kopf leicht schief und sah aus dem Fenster.
"Vielleicht war deine Aktion ein wenig mädchenhaft und unüberlegt."
Ich fing an auf meiner Innenseite der Wange herum zu kauen.
"Aber ich denke es war gut."
Überrascht sah ich ihn an.
"Was?"
"So wirst du mit ihr abschließen können. Anscheinend willst du sie ja vergessen."
Still nickte ich. "Sie hat einen Freund und sie ist nicht das Mädchen, für das ich sie gehalten habe."
James verließ seinen Platz beim Fenster und hockte sich vor mich hin.
"Da stimme ich dir nur teilweise zu."
Fragend sah ich meinen Freund an.
"Das sie einen Freund hat, daran hättest du nichts ändern können. Aber sie ist garantiert das Mädchen, welches sie war, als sie dir die Briefe geschrieben hat. Weißt du in dem einem Jahr musste sie vielleicht viel durchmachen, was der Grund für ihre Veränderung ist."
"Das ändert nichts daran, dass sie anders ist."
"Ja, aber vielleicht hättest du die 'alte' Mailey wieder zum Vorschein bringen können. Du hättest ihr helfen können, wieder stark zu werden."
Meine Sicht begann zu verschwimmen. James Worte trafen mich, weil ich wusste das er Recht hatte. Er äußerte sich nie ohne sich vorher über eine Sache richtig im Klaren zu sein, oder zu wissen, dass es richtig war, was er sagte.
"Sie hat doch kaum mit mir geredet."
James lachte auf.

"Neill, wenn du dich an euer erstes Treffen im Café erinnerst, hat sie auch nicht sonderlich viel mehr geredet. Sie ist nicht so 'Hier-bin-ich-und-erzähl-alles-über-mich'."
"Na und.", gab ich nun trotzig von mir und stand auf. "Sie hat jetzt Nate. Soll der doch den Seelensorger spielen. Ich bin es leid."
"Nein bist du nicht!", widersprach er mir. "Sonst würdest du dich nicht drüber aufregen und so viel nachdenken."
"Weißt du was!", schrie ich halb, "Ich habe mir nicht gestern die Mühe gemacht ihre Briefe in kleinste Teilchen zu zerschnippeln, damit ich es heute bereue. Ich muss nach vorn schauen. Wie soll ich es denn sonst alles schaffen? Sie hat mir mehr als deutlich zu verstehen gegeben, dass sie mich nicht mag oder will, mehr als deutlich!"
"Hat sie das gesagt?", fragte James ruhig nach. Manchmal fragte ich mich, wie er es schaffte so ruhig und gelassen zu sein oder zu bleiben. Bei mir kochte im Gegenteil alles über.
"Nein!", gab ich bedrückt zu.
"Nicht sie hat dich aufgegeben Neill, sondern du sie! Denkst du nur, weil du ein Superstar bist, dass sie dir hinterher rennt? Wir haben alle von Anfang an bemerkt, dass Mailey anders ist. Und du", dabei tippte er mit dem Zeigefinger auf meine Brust, "hättest es noch vermehrt merken müssen."
Er machte eine Pause und sah mich eindringlich an. "Und was soll das überhaupt? Ein Jahr hält du ohne sie aus und schenkst keinem anderen Mädchen deine Aufmerksamkeit. Dann kommt ein kleiner Stein auf dein Weg und du gibst auf? Vielleicht solltest du darüber mal nachdenken."
Mit diesen Worten ließ er mich vor meinem Koffer stehen.
"Ach,", der Braunhaarige drehte sich in der Tür um, "Beeil dich lieber fertig zu werden, sonst müssen wir ohne dich starten."
Reglos sah ich auf die Zimmertür, die geschlossen war. Ich sah wieder zu meinem Koffer und kramte mir ein Shirt und eine Hose raus. Ich zog mich an und schloss meinen Koffer. Ihn hinter mir herziehend lief ich zum Fahrstuhl, um in die Lobby zu fahren. Ich

betätigte den untersten Knopf und der Fahrstuhl setzte sich in Bewegung.

Mailey POV:

Ich wälzte mich in der Nacht von einer Seite auf die andere. Wissend das Bailey um ihr Leben kämpfte und er aus meinem verschwunden war, ohne die Möglichkeit gehabt zu haben, mich von ihm zu verabschieden. Der Mond, der sehr hell in mein Zimmer schien, tat sein Übriges, um mir eine schlaflose Nacht zu bereiten.
"Ich kann nicht schlafen!", murmelte ich und stand kurz entschlossen auf. Die knarrende Treppe nach unten nehmend, nahm ich mir meine Jacke und zog meine Jeans über meinen Schlafanzug. Ich nahm den Schlüssel von der Kommode und verließ leise unser Haus. Ich wollte nur nach draußen. Mir war es egal wie spät es war oder ob es kalt war. Ich wollte einfach einen leeren Kopf bekommen: irgendwie. Meine Füße führten mich ganz automatisch zu meinem Lieblingsplatz: die Seebrücke. Die alte Brücke, die vom Mondlicht erleuchtet wurde, ragte weit ins Meer hinein und mich packte das Adrenalin, sodass ich losrannte. Der Wind, der über das Meer pfiff, wehte durch meine Haare und wirbelte sie mir ins Gesicht. Doch ich rannte und rannte so schnell ich konnte. Am Ende angekommen, pumpte meine Lunge so stark, dass es mir Schmerzen versetzte beim Einatmen. Erschöpft lehnte ich mich gegen das Geländer und sah auf das schwarze Meer hinaus. Ich liebte diesen Platz, ebenso wie den an den Klippen. Doch ich mied das Wasser so gut es ging, da ich Angst davor hatte und auch nicht schwimmen konnte. Die Brücke gab mir Hoffnung, dass alles besser werden konnte. Immerhin war ich über dem Meer und in Sicherheit. Ich kletterte über das Geländer, als sich mein Atem normalisiert hatte, um auf die untere Plattform zu gelangen. Auf dieser legten normalerweise nur Frachtschiffe an,

doch in Momenten oder Tagen wie heute war es meine Welt. Kaum hatte ich die grauen kalten Betonplatten erreicht, schloss ich für kurze Zeit meine Augen. Ich ließ mich auf ihnen nieder und lauschte dem gleichmäßigem Rauschen.
"Warum ich?", fragte ich in die Nacht hinein.
Ich war sonst wirklich nicht jemand der im Selbstmitleid versank, aber heute fragte ich mich wirklich, warum es mir passieren musste. Hatten andere Leute auch so viel Kummer wie ich oder litt ich mehr? Ich wusste es nicht. Ich wusste nicht, warum mein Herz so schnell geschlagen hatte, als ich Neill im Café getroffen hatte. Okay, ein wenig war es gelogen, ich wusste es. Aber warum? Warum muss mein Herz für einen Jungen schlagen, der ein Superstar ist? Warum spielte mein Herz nicht so verrückt, wenn ich Nate sah? Warum bei ihm? Warum bei diesem Iren? Warum musste es so kompliziert sein?
Wieso konnte er nicht hier in meiner kleinen Stadt wohnen wie ein normaler Junge und wir hätten uns auf dem üblichen Weg kennen gelernt? Doch einem Herz war es egal, auf welchem Weg und wie es passierte: es spielte verrückt sobald es die Tatsache erkannt hatte, dass man verliebt war.
Das war nur die eine Sache. Warum musste ich aber auch ich sein? Warum war Bai nur in diesem Auto gewesen? Warum hatte der Mann nicht richtig geschaut, als er über die Straße fuhr? Warum musste jetzt meine Kleine um ihr Leben kämpfen und nicht er? Doch meine größte Frage war: Wir würde es weiter gehen? Mit meiner Mutter und ihrer Sucht? Unserem Haus? Mit Bai? Mit Nate und mit Neill? Und wie würde ich ohne Alice zurecht kommen, wenn sie wieder zurück nach Oxford flog?

Ich blieb noch für eine Weile hier draußen und versuchte innerlich ein wenig zur Ruhe zu kommen. Aber mit der Zeit, begann ich zu frieren, da ich viel zu dünn angezogen war und beschloss, dass es vernünftiger wäre zurück zu gehen. Schweren Herzen sah ich unser Haus, was immer größer wurde, je näher ich

ihm kam. Und ich wusste: sie schlief nicht drin.
Die Tür öffnend, hing ich meine Jacke auf und entschied mich heute nicht in meinem Zimmer zu schlafen, sondern in ihrem. Ich knipste das Licht an und da lagen sie: ihre Kuscheltiere. Alle ordentlich aneinander gereiht. Ich legte sie ein wenig zur Seite, damit ich Platz hatte, kuschelte mich in ihre Decke und nahm ihren Duft in mich auf. Mit dem Gefühl bei ihr zu sein, schlief ich ein.

Etwas Schlaf konnte ich finden, aber das Wahre war es auch nicht. Wie auch. Erschöpft quälte ich mich aus dem Bett und ging nach unten in die Küche.
"Guten Morgen.", begrüßte mich Grammy.
"Morgen.", murmelte ich und setzte mich auf den Stuhl.
"May!", konnte ich tadelnd Alice Stimme vernehmen.
"Ja?", erwiderte ich unsicher, da ich eine Vermutung hatte.
"Wieso hast du mir nichts erzählt?"
Achselzuckend sah ich auf den Tisch. Ich wusste das es kommen würde. Unsere Ankunft abends hatte es nur bis heute morgen hinaus verschoben. Doch am Tag kann man nichts verbergen.

Kapitel 16 - Altes Haus

Mailey POV:

"Warum hätte ich dir etwas sagen sollen?", meinte ich zu ihr. Unsicher ob sie reden konnte, sah Alice zu Grammy rüber. Diese verstand den Blick und meinte: "Ich geh schon und lass euch mal allein."
Sobald sie die Tür hinter sich geschlossen hatte, setzte sich Alice mir gegenüber und fing an: "May das geht wirklich gar nicht!"
"Ich weiß."
"Nein!", widersprach sie mir. "Anscheinend nicht, sonst hättest du es mir erzählt."
Es legte sich ein bedrücktes Schweigen über die Küche und ich fuhr gedankenverloren den oberen Rand meiner Kakaotasse mit den Fingern nach.
"May, du weißt ich rede nie um den heißen Brei herum.", ergriff sie wieder das Wort. "Aber das Haus ist eine Bruchbude. Du, besser gesagt ihr, könnt hier unmöglich leben."
Das war sie: die Wahrheit. Und diese brachte mich dazu, dass meine Dämme wieder einrissen und mir die Tränen die Wangen herunterkullerten. Ich wusste zwar, dass Alice recht hatte, aber jetzt da sie es auch noch ausgesprochen hatte, war es ein anderes Gefühl. Vorher konnte ich mir einreden, dass es nicht ganz so schlimm war und nun?
"Ich weiß nicht wie ich es schaffen soll!", schniefte ich und biss mir auf die Lippe, um meinen Ausbruch wieder unter Kontrolle zu bekommen.
"May. Die Bretter knarren, der Wind pfeift hier, es ist kalt und dass obwohl wir auf den Sommer zu gehen. Wie hast du das im Winter ausgehalten?"
"Wir haben uns in der Stube aufgehalten?", gab ich zögerlich von

mir.
"Wieso da?"
"Weil wir dort mit dem Ofen heizen können."
"Und sonst nicht?", rief sie geschockt.
Ich hielt kurz inne und überlegte. "Nicht direkt. In zwei Zimmern können wir noch heizen."
"Die da wären?"
"In Bais und Grammys Zimmer."
"Ah und du schläfst mal eben im Gefrierschrank mit deiner Mutter? Das ist kein Zustand! Ich meine schimmeln tut es hier glaube noch nicht, aber die Fenster gehen nicht richtig zu, die Türen schließen nicht richtig, die Tapete sieht zum einen uralt aus oder die Farbe bröckelt ab. Das ganze Haus ist eine Baustelle. Wie konntest du hier nur wohnen und hast mir nie was gesagt?", schrie sie halb.
"Was hättest du denn machen wollen?", schrie ich ein wenig zurück.
Traurig sah Alice mich an. "Ich weiß es nicht. Aber ich hätte garantiert irgendeine Idee gehabt!"
"Ich habe im Moment andere Sorgen als das.", erwiderte ich leise.
"Weißt du was? Wir haben eine Woche! Eine Woche und wenn ich hier dann wieder nach Hause fliege, will ich einen Plan auf dem Tisch haben."
"Worüber?"
"Über dein ganzes Leben."
"Ach so, du meinst das ich mich in den Falschen verliebe, ganz viele Kinder bekomme, sitzen gelassen werde, meine Mutter ans Grab begleite wenn sie so weiter trinkt und zum Schluss in dem Haus hier sterbe weil es einbricht?!", zählte ich gereizt auf.
"Manchmal bist du unausstehlich, aber wir bekommen das hin. Schließlich muss es hier ja auch mal voran gehen."
Die Schwarzhaarige stand entschlossen von ihrem Platz in der Küche auf und verließ sie.
"Mrs. Bennett?", hörte ich sie nach Grammy rufen.

"Ja?"
"Können Sie bitte mal kommen?"
Mit Grammy im Schlepptau setzten sie sich an den Tisch.
"Ich möchte einen Plan aufstellen.", fing sie an. "Sie müssen ja zugeben, dass sind keine Zustände hier."
Bestätigend nickte sie.
"Und zwar, würde ich vorschlagen, dass sich bis heute Abend jeder einmal Gedanken macht und wir sie dann zusammen tragen und einen Plan ausschlachten."
"Du hast aber Urlaub!", warf ich ein und blickte meine Freundin ernst an.
"Ich komme schon noch zu meinem Urlaub.", lächelte sie mich aufmunternd an.
"Geht klar und worüber machen wir einen Plan?", wollte Grammy wissen.
"Über das Haus, Arbeit, ihrer Tochter, über May einfach alles hier und auch-"
Alice wurde von dem Klingeln des Telefons unterbrochen.
Panisch sprang ich auf und rannte in das Wohnzimmer. Ich kam zum Stoppen und meldete mich atemlos: "Bennett?"
"Miss Bennett?"
"Ja?"
"Hier spricht das Krankenhaus von Dublin. Wir würden Sie bitten ins Krankenhaus zu kommen, so schnell wie es geht."
Mein ganzes Blut sackte augenblicklich nach unten und jede Kraft mit ihr. "Ich mach mich auf den Weg. Aber was ist denn passiert?"
Doch schon ertönte das Freizeichen. Die Frau hatte schon aufgelegt.
"Was denn?", wollte Grammy unsicher wissen.
"Wir sollen ins Krankenhaus fahren."
"Wir kommen mit."

Neill POV:

Wir erreichten das Stadion.
"Wie lange will John denn noch telefonieren?", regte sich Lewis auf.
Die ganze Fahrt über, nein eigentlich seit wir das Hotel verlassen, hing der Mann am Telefon. Doch seine Worte ergaben keinen Sinn, sodass wir auch keine Ahnung hatten was los war.
Unsere Bodyguards begleiteten uns durch die Fanmassen. Für Autogramme oder Fotos hatten wir keine Zeit, da heute noch eine Stellprobe anstand.
Heute war immerhin unser erstes Konzert der Tour. Ich saß auf meinem Stuhl und sah zu, wie Lou gerade versuchte Edward herzurichten und für Zack die Klamotten rausgesucht wurden.
"Was war eigentlich noch gestern?", fragte Edward und sah mich an.
"Halt den Kopf gerade!", meckerte Lou und ich musste grinsen.
"Nichts, was soll gewesen sein?"
"Hast du gestern gesehen wie schlecht die abends Fußball gespielt haben?", mischte sich nun auch Lewis ein und trank einen Schluck aus seiner Flasche.
"Nein."
"Was?! Was ist denn mit dir los?", lachte er. "Wirst du krank?"
"Hast du gestern schon geschlafen?", wollte nun auch Zack wissen.
"Nein, außerdem wart ihr nicht alle so kaputt?"
"Ja, aber als wir auf dem Zimmer waren, war die Müdigkeit irgendwie weg.", antwortete Edward.
"Leute, er wird schon nicht umkommen, weil er einmal ein Fußballspiel nicht gesehen hat.", warf Lou ein. "So fertig. Los Neill jetzt bist du dran."
Edward stand auf und ich setzte mich vor den Spiegel.
"Was hast du denn gemacht?", hakte Lewis nach und sah mich durch den Spiegel an.

"Er hat gestern Mays Briefe zerschnitten.", antwortete James auf seine Frage.
Geschockt sahen mich alle mit Ausnahme von James an, er wusste ja davon, selbst Lou.
"Du hast was?"
"Musstest du das sagen?", meinte ich verärgert zu James.
"Warum nicht? Immerhin willst du doch mit ihr abschließen und ich denke mal da hilft es allen, dass sie Bescheid wissen und dich nicht mehr auf sie ansprechen."
"Und ihre Briefe sind jetzt weg?"
Ich nickte zustimmend und beobachtete Lou wieder wie sie meine Haare richtete.
"Hast du denn nichts zu sagen?", fragte Zack fassungslos.
"Leute, lasst ihn doch in Ruhe!", griff Lou ein. "Er muss erst noch einsehen, dass er manchmal auch über seinen Schatten springen muss und erkennen, dass er verkehrt gehandelt hat."
Mit weit aufgerissenen Augen sah ich sie an und setzte dagegen: "Ich habe nicht verkehrt gehandelt."
Ihr Schulter zucken gab mir zu verstehen, dass meine Worte nur an ihr abprallten.
Zum Glück kam John rein und lenkte die ganze Aufmerksamkeit von May und mir zu ihm.
"Also Jungs, die Tour hier wird etwas anders ablaufen als geplant."

Kapitel 17 - Licht am Ende der Dunkelheit

Neill POV:

"Wie, da wird sich was ändern?"
"Wir können doch keine Termine ändern.", begab James zu bedenken, "Abgesehen davon, dass ich auch nicht wüsste wieso."
"Nein es ist was anderes. Das Management hat die Termine für die Konzerte ja bisschen weiträumiger gelegt, nicht? Und deswegen-" Johns Handy piepte. "Moment mal..." Er nahm den Anruf entgegen und drehte sich von uns weg.
"Ich hasse es, wenn er nicht mit der Sprache rausrückt!", meckerte Zack rum.
"Frag mal wer noch.", stimmte ich zu.
"Okay. Wer noch?"
Lachend stieß ich dem Schwarzhaarigen in die Seite. "Bist blöd man."
"Was wer noch?", fragte Lewis interessiert nach.
Mit der abwinkenden Handbewegung gab Zack zu verstehen, dass es nicht sonderlich wichtig war. Jedenfalls nicht so wichtig, dass er es Lewis hätte erzählen müssen.
"Also....", fing John wieder an und steckte sein Handy in die Hosentasche. Alle Aufmerksamkeit war wieder auf ihn gerichtet. "Ihr werdet zwischen durch frei haben und nach Hause können." Keiner sagte von uns was, sondern wir legten eher fragend unsere Stirn in falten.
"Ich auch?", fragte Lou und wir lächelten sie an.
"Ja du auch. Meistens ist es so gelegt, dass ihr zwei bis vier Konzerte in einer Woche haben werdet. Je nachdem. Die anderen Tage müsst ihr nicht wie bei der letzten Tour hier verbringen, sondern das Management hat erlaubt das ihr sozusagen Urlaub habt und die Tage euch zur freien Verfügung stehen. Nur würde

ich euch bitten nicht einem Tag vor einem Konzert meinen zu müssen bis ewig in die Nacht zu feiern. Das Ganze ist ein vorläufiges Projekt und wir werden mal sehen wie es läuft."
Überrumpelt von dem Gedanken gewisse Zeit nur für sich zu haben, sahen wir ihn an.
"Jetzt schaut nicht so, es ist nicht auf meinem Mist gewachsen."
"Und was ist mit Stellproben, Aufnahmen, Musikvideos, Interviews und all dem?", fragte ich nach.
"Diese Termine werden so gut es komprimiert, was so viel bedeutet wie, dass ihr dann vielleicht einen zusätzlichen Tag habt, an dem so etwas stattfindet oder es wird gesammelt und ihr habt dann mal in einer Woche mehrere solcher Veranstaltungen. Keine Ahnung wie das geregelt wird, ich bin auch nur der Botschafter, wenn man es so nimmt."
"Das nenne ich mal eine coole Idee!", freute sich Edward und klatschte begeistert in die Hände und wenn ich auch genau nachdachte, hatte ich auch nichts dagegen, immerhin könnte ich nach Hause fahren, wenn wir in Irland touren würden.
"Ich finde es auch cool!", stimmte ich ihm zu. "Dann kann ich in Irland nach Hause fahren." Wenigstens ein Lichtstrahl in der Dunkelheit.
"Stimmt."
"Aber nun auf zur Stellprobe. Ihr könnt ja noch später darüber diskutieren.", klatschte John in die Hände. Ich griff zu meiner Gitarre, band sie mir um und lief den Jungs hinterher auf die Bühne.
"Wow, ist die groß!", staunte Zack. Auch ich drehte mich einmal im Kreis. Sie war wirklich extrem groß. Es war kein Vergleich zu der letzten Tour.
Mein Blick ging automatisch zur linken Seite. Schnell schüttelte ich meinen Kopf. Wie dämlich war ich, dass ich auf die Seite sah, auf der sie damals beim Konzert gesessen hatte?! Sie würde bei keinem einzigem Konzert hier sitzen und mir zusehen. Und obwohl ich es nicht wollte, erfüllte es mich mit Traurigkeit. Ich

musste wirklich mal zusehen, dass ich von ihr weg kam und ich mich nicht immer an alles Mögliche erinnerte!

Mailey POV:

Alice hatte gleich von Anfang an klar gestellt, dass sie die Einzige wäre, die hinter das Steuer von meinem Auto kommen würde.
"Gib mal mehr Gas.", maulte ich sie an, während ich nervös auf meinem Schoss mit meinem Fingern pochte.
"Ich fahr schon schneller."
Mir kam es vor, als würden wir auf der Straße nur so dahinkriechen, währenddessen irgendwas mit Bai war. Nach unzähligen Minuten entdeckte ich das große graue Gebäude und ein mulmiges Gefühl beschlich mich. Kaum hielt Alice den Wagen an, riss ich meine Tür auf und rannte fast zum Eingang.
"Nun warte doch!", rief Alice mir hinterher.
Die große Eingangstür öffnete sich und sofort schlug mir der typische Geruch von Krankenhäusern entgegen.
"Ich sollte mich melden."
Diesmal saß eine andere Frau an der Information.
"Sie sind?"
"Miss Bennett.", antwortete ich ihr und hätte ihr am liebsten verklickert, dass sie sich gefälligst beeilen und zur Sache kommen sollte.
"Genau, der Facharzt möchte sie sprechen. Raum 1810 in der dritten Etage.", informierte sie mich. Ich warf einen Blick nach hinten und sah Alice mit Grammy durch die Tür kommen. Klar, dass Grammy nicht mehr so schnell konnte hatte ich vergessen.
"Und?", wollte sie wissen.
"Der Arzt verlangt nach uns."
Auf dem Gesicht von ihr konnte ich sehen, dass es sehr an ihren Kräften zerrte. Sie hatte ja auch ein schwaches Herz und musste mehrmals im Monat zur Kontrolle gehen. Wenn es Bai nicht so

schlecht gehen würde, würde ich mir wahrscheinlich Sorgen machen, ob es Grammys Herz gut geht.
"Wir müssen in die dritte Etage.", sagte ich ihnen. Ich verlangsamte auch mein Tempo, obwohl ich am liebsten hochgerannt wäre. Je näher wir dem Raum kamen, umso schneller schlug mein Herz und meine Hände begannen zu schwitzen.
Wir blieben alle drei davor stehen und ich atmete einmal tief ein und aus, eh ich meine Hand erhob um zu klopfen.
"Ich habe Angst!", flüsterte ich noch und klopfte. Alice strich mir beruhigend über den Rücken.
"Herein!", ertönte die Männerstimme. Ich drückte die schwere Eisenklinke hinunter und trat in den Raum ein. Der Arzt, der schon gestern bei Bai war, saß in seinem weißen Kittel vor dem Computer und sah mich über den Rand seiner Brille an.
"Miss Bennett. Nehmen sie doch Platz."
"Guten Tag."
"Ich habe sie anrufen lassen, weil es Neuigkeiten in Bezug auf ihre Schwester gibt."
Er sah mich abwartend an, doch ich hatte nicht vor irgendwas zu antworten und so fuhr er fort: "Es ist eine Besserung in Sicht getreten.", erleichtert schloss ich meine Augen. "Sie können erleichtert sein. Sie ist zwar noch nicht bei Bewusstsein, aber ihre Ergebnisse haben sich heute bei der Kontrolle verbessert. Ich denke, dass sie mit der Zeit auch den Rest schaffen wird zu bekämpfen."
"Und wann wird das sein?", fragte Grammy.
Der Arzt verzog sein Gesicht. "Das kann ich Ihnen leider nicht sagen. Das ist von Patient zu Patient verschieden. Es kann in den nächsten Stunden passieren oder aber auch in den nächsten Wochen. Allerdings muss ich Ihnen auch mitteilen, dass ich nicht weiß ob Folgeschäden entstanden sind."
Wer konnte das schon sagen? Aber ich muss zugeben, dass war mir im Augenblick egal. Es ging ihr besser und sie würde es schaffen sich zu erholen.

"Kann ich zu ihr?"
"Natürlich. Jederzeit und sobald es wieder Neuigkeiten gibt informiere ich sie, Miss Bennett."
"Vielen, vielen Dank."
Ich schüttelte dem Arzt die Hand und trat auf den Gang nach draußen. Dort fielen wir uns drei in die Arme. Schnellen Schrittes machte ich mich auf den Weg zu ihr. Wir traten in das Zimmer ein und eine Art Glücksgefühl erfüllte mich. Ich wusste, ich würde sie wieder in meine Arme schließen können.
Ich setzte mich auf ihr Bett und legte meinen Kopf auf ihre Brust, während mir Freudentränen über die Wange liefen. Mein Engel hatte es geschafft einen Teil zu bekämpfen und den letzten Rest würde sie ebenfalls schaffen. Ich griff nach ihrer kleinen Hand und verschränkte unsere Finger miteinander.
"Du kommst zu mir zurück!", flüsterte ich leise und gab ihr einen Kuss auf die Stirn.
Alice hatte sich auf den hinteren Teil des Bettes gesetzt und sah mich mit einem Lächeln an, welches meine Grammy auch im Gesicht hatte. Es war als fiel eine Last von mir. Eine Last und eine Bedrückung nicht wissend wie lange man sie noch bei sich hätte, aber jetzt, jetzt sah ich ein Licht am Ende der Nacht.

Wir blieben noch den ganzen Tag und anscheinend waren wir alle ein wenig eingenickt und erschöpft von der Aufregung. Denn Alice saß auf einem Stuhl mit dem Kopf an die Wand gelehnt und döste vor sich hin. Grammy hatte auch ihre Augen geschlossen. Ich wusste nicht was mich geweckt hat, doch nun wurde es wieder in meinem Innern unruhig. Ich erhob mich, darauf bedacht keinen Krach zu machen und stellte mich vor das Fenster und blickte nach draußen.
Mein Handy aus der Tasche holend, öffnete ich meinen WhatsApp-Chatverlauf. Sein Name stach in meine Augen und ebenso das Wort 'online'. Er hatte sich nicht gemeldet. Mal wieder. Es war

nicht das erste Mal, dass er mich vergaß. Ich rang mich dazu durch ihm zu schreiben.

An Nate:
Hi...sind im Krankenhaus. Bai geht es wieder besser.

Es dauerte keine zwei Minuten, als ich seine Antwort erhielt.

Von Nate:
Das freut mich sehr. Da bist ja erleichtert, wahr?

An Nate:
Ja sehr. Was machst du gerade?

Von Nate:
Bin unterwegs.

An Nate:
Bist auf dem Weg zu mir?

Von Nate:
Äh..nein? Warum?

An *Nate:*
Weil du heute vorbei kommen wolltest...

Von Nate:
Ach ja, du sorry Mailey, ich schaff es heute nicht. Ich komme morgen.

Das hatte ich auch bemerkt, dass er es nicht geschafft hatte.

An Nate:
Versprich nichts, was du nicht halten kannst!

Von Nate:
Ich werde kommen.

An Nate:
Wäre nicht das erste Mal, dass du es dann doch nicht wieder machst.

Von Nate:
Mailey bitte hör auf so rumzuzicken oder mich anzumaulen.

Ich maulte ihn nicht an. Ich war einfach enttäuscht. Nate hatte mir schon so oft etwas versprochen und zum Schluss hatte es sich als hinfällig erwiesen. In manchen Bereichen konnte ich wirklich nicht auf ihn zählen. Aber dann wiederum war er plötzlich für mich da, wie kein anderer. So zum Beispiel gestern, als er kurzfristig ins Krankenhaus kam.

Von Nate:
Hallo?! Komm schon...ich habe keine Zeit zum streiten.

Kaum sagte ich meine Meinung, oder gab zu versteh was mir wichtig war, war er der Meinung, dass wir streiten. Ich atmete tief aus und sah der untergehenden Sonne zu. Neills Konzert würde bald beginnen. Sicherlich würden die Fans schon im Stadium kreischen und er war dabei sich fertig zu machen. Aber Moment mal. Erschrocken schüttelte ich meinen Kopf. Wie komm ich auf Neill?

Von Nate:
Ich muss off. Muss weiter arbeiten. Bye.

Ich las seine letzte Nachricht. Nicht mal ein 'Ich freu mich für dich' oder ein 'I love you' oder ein 'Kusssmiley'. Gar nichts in der Art hatte er geschrieben. Aber ich sollte mich nicht drüber ärgern. So war er nun mal und dass seit Anfang an unserer Beziehung. Na ja, nicht ganz, ein, zwei Monate hatte er noch so etwas geschrieben aber dann hatte es geendet.

An Nate:
*Vergiss nicht zu schlafen. Bye:**

Ich steckte mein Handy wieder in die Tasche und drehte mich zu Bais Bett um. Hatte sie sich bewegt? Aufgeregt lief ich zu ihr. "Bai?", fragte ich leise. Ich war der Meinung gewesen in der Dunkelheit eine Handbewegung von ihr ausmachen zu können.
"Bai?"
"Bailey?", rief ich sie wieder leise. "Ich bin hier meine Süße."
"May?", kam fast unhörbar und brüchig ihr zarte Stimme.
Fast unsicher, ob sie wirklich geredet hatte, antwortete ich: "Ich bin bei dir."
"May." Jetzt war ich mir sicher. Sie hatte meinen Namen gesagt.

Kapitel 18 – Bitte zweimal Schlachtplan

Mailey POV:

Überglücklich schlang ich meine Arme um ihren kleinen Körper, was sie leicht kichern ließ. Darauf bedacht, mich mit keinem ihrer Schläuche zu verhaken, löste ich mich von ihr.
Alice hatte das Licht angemacht. Bai sah zwar noch sehr blass aus, aber das war mir gerade herzlich egal. Sie war wieder bei Bewusstsein und ihr zaghaftes Lächeln hatte ich auch vernehmen können.
"Du hast rote Haare.", sagte sie leise.
Ich schmunzelte und nickte. "Ja das habe ich."
"Mir gefällt es.", murmelte sie.
Mir liefen die Freudentränen über das Gesicht und ich hätte meinen Engel die ganze Zeit anstarren können.
"Kann ich nach Hause?", fragte sie im selben Moment.
Grammy schüttelte verneinend den Kopf und Bai sah mich bittend an. Es zerbrach mir das Herz, aber ich konnte da auch nichts machen.
"Bitte!", versuchte sie es nochmal.
Ich ging neben ihrem Bett in die Hocke und versuchte es ihr zu erklären.
"Sieh mal, du bist noch sehr schwach. Da braucht dein Körper jetzt Ruhe."
"Aber ich kann mich doch auch zu Hause ins Bett legen.", meinte sie.
Ich lachte kurz auf.
"Ja, schon. Aber da sind keine Ärzte. Die müssen schauen, dass es dir auch gut geht."
"Das kannst du doch machen.", warf Bai ein und sah mich aus ihren großen blau-grünen Augen an. Sie hatte nicht die geringste

Ahnung wie sehr es mich schmerzte, heute erneut ohne sie gehen zu müssen.
"Aber Schätzchen, wenn die Ärzte das machen, kannst du wieder schneller draußen spielen.", erklärte nun Grammy.
"Und auch den Strand?", fragte Bailey.
"Ja, auch an den Strand."
"Kann ich dann wieder baden gehen?"
"Aber natürlich.", lachte Grammy.
Es ist schon Wahnsinn wie so ein kleines Mädchen den ganzen Schmerz vergessen ließ, welchen man bis eben noch gefühlt hatte und das mit einer Leichtigkeit, die schon fast an ein Wunder grenzte.
Die Tür wurde geöffnet und der Arzt trat ein.
"Wie ich sehe ist die Patienten aufgewacht.", zwinkerte er Bai zu.
Verlegen kicherte sie.
"Ja, ich habe gut geschlafen."
Ich schüttelte nur den Kopf. Ja genau, Bai gut geschlafen.
"Dann wollen wir uns doch mal alles genauer ansehen.", sagte er.
"Und ich muss Sie nun auch bitten zu gehen."
"Aber klar."
Ich erhob mich vom Bett und drückte Bailey einen Kuss auf die Wange. "Ich liebe dich."
"Ich dich auch.", erwiderte sie.
"Soll ich dir morgen irgendetwas Schönes mitbringen?"
Sie legte ihre Stirn in Falten.
"Oh ich hätte gerne Musik zum Hören und meine Kuscheltiere."
"Bring ich dir mit."
Nachdem sich Grammy und Alice auch verabschiedet hatten, hüpfte ich voller Glücksgefühle die Treppe hinunter. Und mein Strahlen verschwand keinen Moment von meinem Gesicht.
"Na ab geht es nach Hause.", sagte Grammy und wir stiegen ins Auto ein. Diesmal ließ mich auch Alice fahren.

Neill POV:

"Hi mein Süßer.", meldete sich meine Mum am Telefon.
"Hi, Mum."
"Schön das du anrufst." Ich lächelte. Ihre Stimme versetzte mich zurück. In die Zeit, in der ich noch mit einem Fußball durch Mullingar gerannt war, den Lehrern Streiche gespielt hatte, mich aus dem Fenster gehangelt hatte, wenn ich Hausarrest hatte und all solche Streiche. "Gibt es irgendwas?"
"Ja, schon."
"Hast du jemand kennen gelernt?", fragte sie sofort.
Verlegen fuhr ich mit meiner Hand über meinen Nacken, während ich mit der anderen Hand das Telefon hielt. Ich hatte ihr nie von Mailey erzählt und beschloss, da ich sie jetzt auch vergessen wollte, dass ich es auch nicht mehr machen müsste.
"Nein. Es geht um die Tour."
"Und was da? Ich habe übrigens auf laut. Dein Dad hört auch mit."
"Hi Dad."
"Hallo Neill!", rief er.
"Also das Management hat unsere Termine für die Konzerte weiter auseinander gezogen, damit wir in den freien Tagen nach Hause können oder generell etwas Zeit für uns haben."
"Na das klingt doch gut!", freute sie sich mit mir mit.
"Genau. Und wenn wir in Irland touren, würde ich nach Hause kommen. Wäre das okay?"
"Neill!", sagte meine Mum streng. "Du bist unser Sohn. Du kannst immer nach Hause kommen."
"Danke."
Sie stöhnte kurz auf. "Jetzt hör mir aber auf! Warte mal hier will dich jemand sprechen."
Neugierig wer mich sprechen wollte lauschte ich. Ein Rascheln war zu hören und dann Stille.
"Hallo?", fragte ich nach, da niemand mit mir redete.

"Na sag mal was.", hörte ich meine Mum sagen.
"Ich rede doch mit dir.", erwiderte ich.
"Nicht du Neill."
"Ni?", konnte ich seine Stimme vernehmen.
Sofort wechselte ich mein Handy zu meinem anderen Ohr und stand auf, sodass mich meine Jungs verwundert ansahen.
"Finn!", rief ich . "Hallo."
"Ni.", lachte er.
"Und alles gut bei dir?", fragte ich, doch der Kleine lachte nur.
"Spielst du fein?"
Meine Freunde kringelten sich halb vor Lachen auf der Couch, weil ich eine Babysprache angenommen hatte und veralberten mich durch ihre Gesten. Ich drehte ihnen einfach ignorierend den Rücken zu.
"Spielst du fein mit Oma?"
"Hm."
"Okay, ich bin wieder dran.", informierte mich Mum.
"Ist er bei euch?"
"Na offensichtlich!", rief Lewis rein.
"Ach sei still!", zischte ich ihm zu.
"Ja, Connor und Megan wollten mal alleine einkaufen."
"Ja muss auch mal sein."
Ich telefonierte noch eine Weile, bis ich auf die Uhr sah und merkte das ich Schluss machen musste. Ich verabschiedete mich von ihnen und legte dann auf.

"Krass!", kam es von Zack der fassungslos auf den Bildschirm von Fernseher sah. James hatte den gleichen Blick aufgesetzt.
"Was denn?", wollte ich wissen.
Neugierig quetschte ich mich zu ihnen auf die Couch. Wir hatten bevor ich meine Mum angerufen hatte unser erstes Konzert beendet und waren noch voller Adrenalin gewesen, dass wir nicht wirklich schlafen konnten.

"In den Nachrichten haben die gerade einen Unfall in einem kurzen Ausschnitt gezeigt.", sagte James und wandte dabei aber keinen Augenblick seinen Blick von dem schwarzem Gerät ab.
Der Nachrichtensprecher verschwand im Hintergrund und es öffnete sich ein Video, dass den Unfall gefilmt hatte. Von der Sicht aus, würde ich vermuten, das es eine Außenüberwachungskamera war.
Das schwarze Auto wollte gerade links abbiegen, da die Ampel auf grün umgeschalten hatte, als ein Raser aus der Richtung zu sehen war, wie er mit voller Geschwindigkeit in die Seite krachte. Das schwarze Auto wirbelte mehrmals herum, bis es mit voller Wucht gegen eine Hausecke krachte. Der Raser überschlug sich und aus der Motorhaupe begann es zu qualmen.
Geschockt sahen wir uns das Video an.
"Haben die Insassen das überlebt?", fragte ich.
Schulterzuckend sah James weiter dem Bericht zu, genau wie der Rest.
"Die zwei Kinder und die Mutter des schwarzen Wagens wurden mit schweren Verletzungen eingeliefert. Ein Mädchen liegt noch im Koma und wir hoffen, dass sie es schafft. Dem Verursacher des Unfalls liegen nur leichte Schäden an."
Damit war dann das nächste Thema dran.
"Wann war der Unfall?", wollte Edward wissen. Der Lockenkopf war aus der Küche dazu gekommen.
"Gestern gegen späten Nachmittag.", antwortete Lewis.
"Gestern?", hakte Edward nach.
"Ja? Warum?"
Fragend sahen wir ihn an. "Ich meine es ist unwahrscheinlich aber...", er legte eine theatralische Pause ein.
Zack machte eine beschreibende Handbewegung. "Komm mal zum Punkt!", maulte er ihn an.
"May sah doch schon gestern sehr geschockt, als sie panisch weggerannt ist, oder?", versuchte er uns auf die Sprünge zu helfen.
"Und laut deinen Erzählungen Neill ist sie in eine Art Schockstarre

verfallen, als sie ans Telefon gegangen ist, nicht?"
Bestätigend nickte ich. Sollte es wirklich sein?
"Wo war der Unfall?"
"Dublin."
"Meint ihr?", zweifelte ich.
"Es könnte sein.", gaben auch die anderen zu.
"Mist! Meint ihr das Bai in dem Auto war? Und das Mays Flucht gar nichts mit mir zu tun hatte?"
"Na wissen werden wir es nicht, bis wir wahrscheinlich mit ihr gesprochen haben. Aber abwegig ist Edwards Gedanke nicht."
"Und jetzt?"
Nachdenklich sahen wir uns alle an. Erschöpft fuhr sich James durch die Haare.
"Also sind wir jetzt wieder bei dem Punkt 'Ich will doch' angekommen?"
Vorsichtig schüttelte ich bejahend den Kopf. Wollte ich sie gestern eigentlich überhaupt wirklich nicht oder waren es eher nur die Gefühle, die raus mussten?
Lewis stöhnte auf und warf seinen Kopf in seine angewinkelten Beine. "Jetzt weiß ich was der Spruch 'Love is complicated' bedeutet."
Zack lachte kurz auf. "Und nur mal nebenbei, deine Aktion war gestern echt kindisch und mädchenhaft."
"Ich hatte nun mal das Gefühl ihre Briefe zerschneiden zu müssen."
"Ist ja auch egal, jetzt sind sie eh weg.", sagte er. "Vielleicht schreibt sie dir ja ein paar Neue, wenn ihr euch wieder trefft."
"Nein! Dann tauscht ihr bitte Nummern, damit wir alle es bitte ein bisschen einfacher haben.", widersprach James gleich.
Ich lachte. Ein wenig Hoffnung konnte ich wieder in mir fühlen.
"Jetzt hört auf zu meckern, bei Edwards ganzen Weibern sagen wir auch nie was. Dann werden wir es ja wohl bei Neills einem Mädchen auch schaffen.", bemerkte Lewis.
Dankbar lächelte ich ihn an.

"Nur ist es zehnmal komplizierter als bei ihm.", gab ich zu.
"Und wie bekommen wir jetzt Kontakt zu ihr?", fragte James.
"Hat sie jetzt in der Zwischenzeit eventuell Twitter?"
Verneinend schüttelte ich den Kopf. "Sie hat nichts davon erwähnt als wir zusammen waren."
"Klar, wäre ja auch zu einfach.", gab Zack sarkastisch von sich.
"Alles was ich wirklich von ihr erfahren habe ist, dass ihr Freund Nate heißt."
"Willst du sie über ihren Freund suchen?", hakte Edward mit hochgezogenen Augenbrauen nach.
"Nein, na ja vielleicht doch."
"Und was hältst du davon wenn wir im Telefonbuch nachschauen?", schlug Lewis vor.
Begeistert sah ich ihn an und sprang augenblicklich hoch und rannte raus zur Tür. Ich hörte Zack noch fragen: "Wo will der denn hin?"
Ich konnte die Fußschritte hinter mir hören.
"Hallo!", rief ich atemlos bei der Rezeption. Verwundert sah mich die hagere Frau an.
"Wie kann ich ihnen helfen Mr. Adams?"
"Ich benötige ein Telefonbuch von Dublin.", sagte ich mein Anliegen.
"Du kannst schon mal dein Handy raus kramen.", stieß Edward Zack in die Seite.
"Warum?"
"Weil wir gleich alle Bennett's anrufen werden."

Mailey POV:

Wir erreichten unser Haus in Howth. Grammy schloss die Tür auf und wir zogen unsere Jacken und Schuhe aus.
"Ich würde dann gleich mal sagen, nutzen wir die gute Laune um den Schlachtplan zu machen.", sah uns Alice auffordernd an.

"Von mir aus.", stimmte ich zu.
"Ich mach uns einen Tee und dann treffen wir uns in der Stube.", sagte Grammy.
"Ich gehe Mum holen.", informierte ich sie und lief die Treppen nach oben in ihr Zimmer.
"Mum?"
Doch der Raum zeigte nur Leere.
"Mum?"
Ich drehte mich wieder um und rief durchs Haus: "Mum?"
Ich wollte sie auch bei dem Plan dabei haben und ihr sagen, dass Bailey wieder aufgewacht war. Obwohl sie wusste ja noch nicht mal das sie im Krankenhaus lag.
Ich kam in die Küche wo Grammy den Tee aufgoss.
"Mum ist nicht da."
"Ich weiß. Hier lag ein Zettel."
Ich nahm ihr das weiße Stück Papier ab und las es mir durch:
'Wartet nicht auf mich. Bin unterwegs.'
"Warum bin ich nicht überrascht?"

Wir drei versammelten uns in der Stube und ich hatte einen Stift und ein Schmierzettel auf den Tisch gelegt.
"Okay, was muss geregelt werden?", fragte Alice.
"Die Sache wie es mit Bai weitergeht."
Alice nahm den Stift in die Hand und notierte Bai.
"Dann aber auch mit dir May. Du musst auch an dich denken.", warf Grammy ein.
Ich rollte mit den Augen und sah wieder zu meiner Freundin.
"Da brauchst du gar nicht die Augen verdrehen, junge Dame.", tadelte sie mich.
"Ist ja gut."
"Mir würden auch noch zwei Punkte einfallen.", sagte Alice. "Zum einen das Haus und das Alkoholproblem von deiner Mutter."

"Ja das stimmt."
"Und zu beiden hätte ich auch schon eine Idee."
Auffordernd sah ich sie an.
"Schieß los!"
"Deine Mum schafft es nur mit Unterstützung und damit meinte ich nicht dich oder Grammy. Ich meine damit fachliche Hilfe. Weswegen ich empfehlen würde, dass sie in eine Entzugsklinik geht."
"Es klingt zwar nicht so schön, aber da hast du meine volle Zustimmung Alice.", sagte Grammy.
"Und zu dem Haus?"
Alice sah sich im Wohnzimmer um und hatte einen nachdenkenden Gesichtsausdruck. Ich beobachte sie und ihre Augen blieben an einer Stelle stehen.
"Siehst du, was ist das eigentlich für eine getrocknete Blume im Schrank? Das wollte ich dich schon seit gestern fragen."
"Lenke jetzt nicht ab. Was ist der Plan zum Haus. Wir investieren Geld, um ein wenig Zimmer herzurichten und die könnten wir dann vermieten. Dann würde ein wenig Geld reinkommen und du hättest auch ein wenig Freiraum May. Grammy könnte kochen und du übernimmst das Verbuchen der Zimmer. Ich meine, ihr habt ihr die ideale Lage: ruhig, einen Wald hinten an, den Strand in der Nähe und in 30 Minuten ist man in Dublin, also?"

Kapitel 19 – Verfehlt

Neill POV:

"Nein tut mir leid, sie müssen sich verwählt haben.", sagte mir der Mann durch das Telefon. Eigentlich hatte ich ja gewusst, dass es nicht May sein konnte, da sie laut meinen Kenntnissen keinen Vater mehr hatte. Aber anderseits hätte es ja auch Nate sein können. Wobei, allein wenn ich schon seinen Namen mir in Erinnerung rief, hätte meine Beherrschung verlieren können.
"Und?", fragend sah mich Zack an. Verneinend schüttelte ich meinen Kopf und strich den nächsten Namen durch. Wir telefonierten schon alle seit mindestens einer Stunde bei allen Leuten an, die laut Telefonbuch in Dublin Bennett hießen und bis jetzt war noch kein Erfolg zu verzeichnen.
"Ist das deprimierend.", bemerkte Edward und malte mit dem Stift immer und immer wieder über den einen Bennett Namen.
"Du drückst bald durch das Papier.", machte Lewis ihn drauf aufmerksam. Enttäuscht ließ Edward den Stift auf den Tisch sinken und stützte seinen Kopf in seinen Händen auf.
"Und was machen wir jetzt?"
"Eigentlich müssten wir ja mal schlafen gehen.", sagte James und sah auf die Uhr.
"Das Problem ist, dass sie auch nicht unbedingt in Dublin wohnen muss.", überlegte Zack laut. "Sie kann ja, warum auch immer, für einen einfachen Ausflug nach Dublin gekommen sein."
"Dann habe ich gar keine Chance sie zu finden.", murmelte ich vor mich hin und las mir wieder die Namen durch.
"Hast du sie mal gegoogelt?", fragte James.
Mit zusammengezogenen Augenbrauen blickte ich ihn an. "Wenn sie kein Twitter und kein nichts hat, wird sie sich garantiert

nirgendwo anders angemeldet haben. Und zusätzlich könnte sie auch einen anonymen Namen verwenden."
"Mal eine ganze dumme Frage...", fing Lewis an und sah einen nach dem anderen an, bis sein Blick bei mir stehen blieb. "Warum nehmen wir uns nicht einen Privatdetektiv?"
"Um sie wie einen Verbrecher zu suchen?", hakte Zack nach.
Lewis stand begeistert von seinem Platz auf und lief vor uns auf und ab. "Ich meine wir sind berühmt, warum sollten wir das nicht mal ausnutzen und einen Privatdetektiv anheuern? Und während der die Arbeit verrichtet, können wir uns wieder auf das Wesentliche konzentrieren."
Erwartungsvoll wartete der Braunhaarige darauf, dass seine Begeisterung auf uns über schwappte. Müde rieb ich mir meine Schläfen. So langsam bemerkte ich die Erschöpfung vom Tag und die ganze Aufregung.
"Du kannst ja drüber nachdenken Neill, und wir gehen da weile alle ins Bett.", sprach James das Machtwort.
Zustimmend nickten wir und standen von der Couch auf.
Obwohl ich im Bett lag und wirklich schlafen wollte, wollten meine Gedanken keine Ruhe geben. Immer wieder schossen mir Fragen durch den Kopf und jedes mal wenn ich eine halbwegs akzeptable Antwort gefunden hatte, schoss eine Neue heraus, nur um wieder von vorn anzufangen. Manchmal fragte ich mich, ob es je aufhören würde.
Die ganzen Telefonate waren umsonst. Wir hatten alle fünf nichts erreicht. Doch einmal wollte ich es nochmal versuchen. Ich schlug meine Bettdecke zur Seite und schwang meine Füße aus dem Bett. Leise tapste ich in die Stube, um die anderen Jungs nicht aufzuwecken und griff zu dem Telefonbuch. Ich verkroch mich in die Küche und nachdem ich das Licht eingeschaltet hatte, ließ ich mich auf dem Barhocker nieder. Ich blätterte durch das Telefonbuch zu dem Verzeichnis, indem die ganzen Orte aufgeführt waren und las sie mir durch. Gleichzeitig sah ich auf einer Landkarte nach um zu sehen wo sich der Ort befand. Aber

im Endeffekt beschloss ich es doch lieber dem Zufall zu überlassen. Mit verschlossenen Augen öffnete ich wahllos das Telefon. Ich öffnete sie wieder: Howth. Den Ort hatte ich erst auch gelesen. Er lag an der Küste. Ich suchte den Buchstaben B und glitt mit dem Finger über die Namen. Bennett. Sieben Personen mit dem Namen Bennett waren aufgeführt. Welchen sollte ich davon anrufen? Ich entschied mich fuhr den Fünften, da wir fünf Jungs waren und wählte die Nummer. Eigentlich könnten die Leute mich verklagen, dass ich um so eine Mitternachtsuhrzeit bei ihnen anrief. Nach mehrmaligen Anklingeln, wollte ich fast schon wieder auflegen, als sich eine Stimme meldete: "Ja?"
Ich vermutete, dass es eine Frau war.
"Ja, Entschuldigung das ich sie zu so später Zeit noch störe. Aber ich wollte mal fragen-"
"Wasch woll'n schie denn?", lallte die Frau.
Na klasse! Ich rief noch einmal an und erwischte natürlich eine Betrunkene.
"Ich wollte fragen, ob sie eine Mailey Bennett kennen."
"Wenn scholl ich ke- * hicks* kenn?"
Ich rollte mit den Augen.
"Eine Mailey Bennett?"
"Isch heische Bennett.", lallte sie wieder.
"Ja, dass weiß ich. Ich wollte nur-"
"Ja wasch woll's schie denn von mir?"
"Gar nichts!", sagte ich mit verärgerter Stimme. "Ich wollte nur..."
Auf dem anderen Ende der Leitung konnte ich wieder ihr hicksen hören.
"Wissen sie was? Legen sie sich wieder hin und schlafen sie.", sagte ich.
"Okay...", murmelte sie.
Ich legte auf. Wieder ein Fehlversuch. War ja eine Möglichkeit gewesen. Ich schlug das Telefonbuch zu und sah auf die Uhrzeit: 1:23. Oh man. Ich würde morgen definitiv nicht aus dem Bett kommen.

Mailey POV:

Mitten in der Nacht hörte ich wie unsere Haustür kräftig zugeschlagen wurde. Anscheinend war meine Mutter jetzt auch endlich da. Ich drehte mich auf die andere Seite und lauschte den Geräuschen, wann sie denn endlich die Treppen nach oben in ihr Zimmer steigen würde. Doch nichts passierte. Mich wundernd beschloss ich aufzustehen und nachzusehen. Ich stieg die quietschenden Treppen nach unten und hoffte von ganzen Herzen, dass Alice einen tiefen Schlaf hatte.
"Mum?", rief ich leise in die untere Etage.
Zur Seite schwankend bog sie um die Ecke und erschreckte mich dabei. Ich hatte nicht damit gerechnet, dass sie schon so nah war.
"Was machst du?", flüsterte ich.
"Ich scholl schlafen gehen.", nuschelte sie.
"Was?"
"Er hat geschagt ich scholl schlafen.", lallte sie nun.
Ich wurde aus ihren Aussagen nicht schlau. "Wer hat gesagt du sollst schlafen gehen?"
"Er.", antwortete sie.
"Wer ist er?" Zur Sicherheit stützte ich meine Mutter mit einem Arm am Rücken, damit sie nicht vielleicht doch noch rückwärts fiel, wenn ihr der Alkohol wieder vermehrt durch das Blut floss.
"Er hat angeruf-", fing sie an, wurde jedoch von einem Hickser unterbrochen, -hat angerufen."
Deprimiert schüttelte ich meinen Kopf. Sie hatte eindeutig zu viel Alkohol in ihrem Blut. Wer würde um die Uhrzeit anrufen?
Ich hatte sie ins Bett geschafft, zugedeckt und war nun anschließend auch wieder in meinem Zimmer und legte mich schlafen.

"Ich mach schon auf!", rief ich und flitzte die Treppe nach unten zur Haustür. Neugierig öffnete ich sie und sah einen lächelnden Nate vor mir stehen.

"Hi."
"Hallo.", sagte ich etwas unterkühlt.
"Schlecht drauf?", hakte er nach und gab mir einen Kuss auf die Wange.
"Geht schon."
"Kann ich rein?"
"Klar.", ich machte einen Schritt zur Seite und ließ ihn durch. Ich beobachtete ihn, wie er sich seine Schuhe und seine Jacke auszog und mich dann ansah. Kritisch zog er seine Stirn in Falten.
"Sicher das alles gut ist?"
Ich nickte nur und ging in die Wohnstube. Seinen Schritten nach zu urteilen, folgte er mir.
"Hallo.", er begrüßte Alice und Grammy.
"Ach Nate, bist du auch mal wieder da.", sagte Grammy mit einen gewissen bissigen Unterton. Nicht nur ich schien diesen raus zuhören, sondern auch Nate.
"Komme ich ungelegen?"
"Der Tatsache zufolge, dass du immer versprichst zu kommen und dann doch nie kommst, wäre es unhöflich dich raus zuschmeißen, wo du doch schon mal da bist und man nie weiß wann du denn gedenkst wieder mal aufzukreuzen."
Mit weit aufgerissenen Augen sah ich sie an. "Grammy!", meinte ich mahnend. Sie konnte Nate zwar noch nie so wirklich leiden und als sie damals im Krankenhaus ihn angerufen hatte, hatte ich ihr schon hoch angerechnet, doch das war wirklich sehr hart. Nate sah ihr hinter her und lächelte mich dann wieder an.
"Ich habe dir etwas mitgebracht." Mit diesen Worten packte er eine rote Rose aus dem Papier und hielt sie mir entgegen. Ich versuchte mein bestes Lächeln auf das Gesicht zu bekommen und es wenigstens echt aussehen zu lassen.
"Danke."
Ich nahm sie entgegen und Nate marschierte zu der Schrankwand. Verwundert was er vor hatte, sah ich ihm zu. Er öffnete die Glastür und meinte: "Da kannst ja die vertrocknete Lilie wegschmeißen."

"Nein!" Mit einem leichten Anflug von Panik, nahm ich die Lilie aus seiner Hand.
"Warum?"
Ich schloss erleichtert meine Augen. "Diese Blume wird nicht weg geschmissen!", sagte ich ernst und blickte ihm gerade in die Augen.
"Wieso? Die ist vertrocknet! Und schön sieht auch nicht mehr aus. Außerdem habe ich dir eine Rose mitgebracht."
Alice sah dem Geschehen schweigend von der Couch zu.
"Abgesehen davon, dass ich Rosen hasse und rote noch viel mehr als eine blaue oder so, hat diese Lilie eine Bedeutung für mich! Also lass gefälligst die Finger von meinen Sachen!", schrie ich ihn fast schon an. Eigentlich wollte ich gar nicht sagen, dass ich rote Rosen hasste, auch wenn es der Wahrheit entsprach, aber die Wut darüber, dass er sich an meinen Sachen vergriff, war zu stark gewesen. Bedrückt richtete er seinen Blick auf den Boden. Ich schloss meine Augen und bemerkte die aufkommenden Tränen bei mir.
"Tut mir leid, mir ist im Moment alles bisschen zu viel.", flüsterte ich.
"Schon gut."
Er machte einen Schritt auf mich zu und nahm mich in den Arm, darauf bedacht die Lilie nicht zu beschädigen. Ich schmiegte meinen Kopf an seine Schulter und atmete mehrmals aus und ein.
"Wir wollen dann Bai abholen. Magst du mitkommen? Sie kann heute raus."
Er nickte bejahend mit dem Kopf.
"Die zwei Wochen sind ja schnell vorbei gegangen."
"Ja das stimmt. Aber ich bin froh wenn ich meinen kleinen Wirbelwind endlich wieder daheim habe."
"Ja das mag ganz gut sein.", sagte er nebenbei.
"Wieso?"
"Ich ich muss dir was sagen Mailey." Ich löste mich aus der Umarmung und nahm einen Schritt Abstand. "Was denn?"

Kapitel 20 – Harte Worte

Mailey POV:

Kritisch sah ich in Nates grüne Augen.
"Ich...ich-.
"Was du?", unterbrach ich ihn.
"Ich geh weg."
Ich war verwirrt. "Wie du gehst weg?"
"Ich muss für ein oder zwei Monate London ziehen, wegen meiner Arbeit.", sagte er.
"London? Einfach so mal?"
"Nein, es steht schon länger fest.", gab er zu.
"Wie lange?"
"Wie lange was?"
"Wie lange steht das schon fest, dass du wegziehst?"
"Drei Wochen."
"Und dann sagst du mir das erst jetzt?", bemerkte ich geschockt.
"Mailey beruhige dich. Ich habe es nur gut gemeint. Ich habe es dir nicht eher gesagt weil dich der Unfall mit Bai so fertig gemacht hat, was auch verständlich ist und du meine Hilfe gebraucht hast."
"Und jetzt brauch ich sie nicht?", fragte ich mit Tränen in den Augen nach. "Nate, meine Mutter geht nächste Woche in die Entzugsklinik. Bai kommt zwar nach Hause, aber ihr Zustand ist immer noch nicht hundert prozentig in Ordnung und wir wollen anfangen das Haus zu renovieren, um ein oder zwei Zimmer zu vermieten."
Bedrückt sah er kurz zu Boden und dann mich wieder an. "Ich würde ja gern-"
"Würdest du nicht. Sonst hättest du eine Lösung gefunden.", unterbrach ich ihn und er schwieg. Sein Schweigen war mir Antwort genug, dass ich Recht hatte.

"Du hast doch Alice.", warf er ein.
"Alice? Alice fährt morgen! Es ist schon wirklich extrem lieb, dass ihr Chef eine zusätzliche Woche genehmigt hatte."
"Dann kannst du ja noch-"
"Lass es gut sein.", sagte ich enttäuscht. "Du hast deine Entscheidung getroffen und ich werde damit klar kommen. Genauso wie mit allen anderen Sachen."
"Machst du mir jetzt allen Ernstes Vorhaltungen?", fragte er mit erhöhter Lautstärke.
"Ich mach dir gar keine Vorhaltungen.", widersprach ich.
"Du bist so verbittert Mailey, dass ist abstoßend. Du kannst nur nörgeln und siehst immer nur dich selbst, wie schwer du es hast und was du alles durch machen musst. Seit ich dich kenne, habe ich dich nicht einmal lachen sehen. Weißt du wie nervig das ist, wenn man dich ansieht und dann immer nur dein versteinertes Gesicht sieht?"
Ich schnappte nach Luft und meine Tränen begannen die Wangen hinunter zu laufen.
"Dann mach doch Schluss mit mir, wenn du mich so siehst!"
"Das habe ich nicht gesagt, dass ich das machen will!"
Es herrschte eine Weile eisiges Schweigen zwischen uns. In diesem Moment wurden mir seine Worte erst richtig bewusst und sorgten für einen großen Schmerz in mir. Ich hatte das Gefühl, das auch meine letzte Kraft dahinschwand und mein letzter Halt den ich noch gehabt hatte, sich von mir löste.
Er streckte seine Arme aus, um mich in eine Umarmung zu schließen, aber ich blockte ab in dem ich einen Schritt nach hinten ging.
"Es tut mir leid! Es sollte nicht so hart klingen.", flüsterte er leise.
Wie konnte er mir so etwas an den Kopf werfen und dann denken das mit einer Umarmung alles wieder in Ordnung wäre?!
Ich drängelte mich an ihm vorbei und wischte mit dem Handrücken meine Tränen weg.
"Alice kommst du, ich will Bai abholen."

Ich griff in die Schale bei der Kommode und fischte meinen Autoschlüssel heraus.
"Ich fahr euch.", bot Nate an.
"Du sei lieber mal ganz still!", zischte Alice. "Und sehe zu, dass du deinen Hintern so schnell wie möglich nach London bewegt bekommst."
Ich saß schon auf dem Fahrersitz, als Alice auf der Beifahrerseite einstieg und sich anschnallte. Ich wollte es nicht, aber während der ganzen Fahrt spielte sich in meinem Kopf das ganze Gespräch immer und immer wieder ab. Es war als hätte jemand die Endlosschleife gedrückt.
"Nimm es dir nicht zu Herzen!", sagte Alice und strich beruhigend über meinen Oberschenkel. "Der hat kompletten Müll erzählt."
Ich ließ es unkommentiert und setzte den Blinker, um auf den Krankenhaus Parkplatz zu gelangen.

Wir betraten kaum den Eingang, rannte Bai auch schon auf mich zu mit ausgestreckten Armen.
Freudestrahlend nahm ich sie hoch und wirbelte meine kleine Schwester im Kreis.
"Was machst du denn schon hier unten?"
"Er hat gesagt ich kann schon runter gehen und unten auf dich warten.", grinste sie. Bai hatte ihre Arme um meinen Nacken geschlungen und kuschelte sich in meine Halsbeuge.
"Na dann wollen wir mal."
"Ich nehme den Koffer.", sagte Alice und ich sah sie dankend an.
Mit Bai auf dem Arm machten wir uns auf den Rückweg.
Ich hörte, wie sie etwas leise vor sich hinsang.
"Was singst du denn?"
"Ein Lied.", lächelte sie.
"Und sagst du mir auch welches?"
"Mein Lieblingslied."
"Eins von dem CD's die ich dir mitgebracht habe?"
Bestätigend nickte sie.

"Sing mal an und ich sage dir welches es ist."
"Okay."
Sie nickte mit dem Kopf, als ob sie den Rhythmus des Liedes hören konnte und fing dann an: "She fly so high, but she can't touch the sky. Let me hold ya and take me by..."
Ich seufzte auf und ließ sie beim Auto runter.
"Und kennst du es?"
"Ja. Das ist Hidden Heroes.", antwortete ich ihr.
"Ja. Das ist mein Lieblingslied von der Band."
Klasse, konnte sie sich kein anderes Lied aussuchen? Ich hatte ihr doch auch Demi Lovato oder Selena Gomez zum Hören gegeben. Aber nein, sie wählte Soulpainters. Ich konnte mich jetzt schon drauf gefasst machen, dass das Lied in Dauerschleife laufen würde.
"Ich habe mir die CD Hülle schon ganz oft angesehen.", erzählte sie während der Fahrt, was Alice kichern ließ.
"Hör auf!", zischte ich ihr zu.
"Und welcher gefällt dir am besten?"
Jetzt spitze ich auch verstärkt die Ohren. "Hm...", begann sie zu überlegen. Ich beobachtete sie für einen kurzen Moment durch den Rückspiegel und sah wie sich nachdenklich aus dem Fenster sah.
"Ich mag die Haare von dem mit den Locken. Aber ich finde der mit den blonden Haare lacht so schön."
"Das nenn ich Schwestern!", kicherte Alice und klatschte begeistert in die Hände.
"Warum?", wollte Bai wissen.
"Weil deine Schwester den auch total mag.", erklärte Alice ihr.
"Das ist aber meiner!", protestierte Bai. "Ich will den mal heiraten."
Ich lachte auf. "Kannst du meine Süße. Ich habe ja schon einen Freund."
"Auch wenn es der Falsche ist.", murmelte Alice noch. Ich hatte sie verstanden, auch wenn sie so leise gesprochen hatte.

Ich parkte das Auto und konnte sehen, dass Nate weg war. Sein Wagen stand nicht mehr in der Einfahrt. Vielleicht war es ganz gut. Bai musste nicht unbedingt mitbekommen, dass wir uns gestritten hatten und das ich ihn jetzt ein paar Wochen nicht sehen musste, war auch gut. So konnte ich vielleicht zur Ruhe kommen und mich voll auf meine neuen Aufgaben konzentrieren.

Neill POV:

"Ich finde das gemein.", schmollte ich und drehte die Gabel im Kreis. Je mehr ich sie drehte, umso mehr Nudeln fielen wieder herunter.
"Wieso darf ich den nicht so einen Detektiv engagieren?"
John stöhnte genervt auf.
"Weil wir hier nicht bei 'wünsch-dir-was' sind und außerdem was soll der Mist? Wir hatten das schon letztes Mal geklärt."
"John ich würde wirklich nicht so drum betteln, wenn ich es auch allein hinbekommen würde. Aber das bekomme ich nicht, dafür ist Irland zu groß und ich muss sie finden."
"Dein ganzes On-Off mit dem Mädchen treibt mich noch in den Wahnsinn!"
"Ich weiß.", gab ich zu. Ich wusste, dass ich bei dem Thema alles andere als leicht war.
"Aber ich möchte sie sehen. Ich meine sie kann eh nicht meine Freundin werden, da sie schon einen Freund hat."
"Das würde ich auch nicht erlauben!", fiel John mir ins Wort. "Schließlich reicht es schon, dass Zack und Lewis eine Freundin haben. Dann musst ihr drei anderen Singles bleiben, sonst könnt ihr gar nicht so schnell gucken, wie euch die Fans flöten gehen."
Ich rollte mit den Augen. Ich hasste diese Regel.
"Ich möchte sie ja auch nur sehen und mit ihr befreundet sein. Wie ganz normal Freunde eben.", erklärte ich.
John schenkte mir einen Blick und sagte dann: "Nein! Das ist dein

Problem."
Da hatte er recht, es war mein Problem und noch eins dazu das mich die ganze Zeit beschäftigte.

"Hast du deine Sachen schon gepackt?"

"Ja."

"Wir starten dann in einer Stunde nach Irland."

"Ich weiß."

Kapitel 21 – Überraschung

Neill POV:

Über die Tatsache, dass wir zwischen England und Irland hin und her pendelten, regte ich mich inzwischen gar nicht mehr auf, ganz im Gegensatz zu Zack. Der Schwarzhaarige blubberte in einer Tour vor sich hin, was bei jeden von uns ein Grinsen hinter ließ.
"Jetzt sei endlich mal still!", zischte John. "Ich regle das, dass nächste Mal besser."
War das sein Ernst? Zack meckerte einen Tag lang und John gab nach? Ich bettelte John schon gut zwei Wochen nach einem Detektiv an und er blieb immer noch stur! Beleidigt verschränkte ich meine Arme vor der Brust und sah nach draußen.
"Was hast du Neill?", fragte James und warf seine Tasche auf den Sitz neben mir.
"John ist ungerecht."
James zog wissend die Augenbrauen hoch. "Erlaubt er es immer noch nicht?"
"Hm."
"Vielleicht solltest du noch ein bisschen Geduld haben."
"Oder es wirklich sein lassen und warten, ob man sich irgendwann wieder begegnet.", überlegte ich. "Es mag vielleicht komisch klingen, aber ich vermisse sie auf irgendeine Art und Weise."
"Und was vermisst du?"
"Ihr Wesen. Ich meine klar so real, wenn ich es mal so nennen will, habe ich sie nie wirklich kennen gelernt, aber das was ich von den Briefen noch in Erinnerung habe. So etwas eben." Ich legte eine Pause ein und dachte nach. "Ihre Art die Kleinigkeiten im Leben zu schätzen, die kleinen Dinge aber auch wahrzunehmen, so einfach zu sein, jemanden ohne Vorurteile zu begegnen und dabei einfach nur sie selbst zu sein. Das vermisse ich."

"Klingt wie in einem schlechten Liebesroman.", mischte sich Edward mit einem breiten Grinsen ein.
"Sei still.", sagte ich und schlug ihn spielerisch mit meinem Schlafkissen gegen den Oberarm. Er lachte und ich musste schmunzeln.
"Ärgerst du dich, dass du die Briefe zerschnitten hast?", fragte James.
Ich sah für einen kurzen Moment auf meine Hände und antwortete dann: "Ja, weil es das Einzige war, was ich von ihr hatte."
"Aber Erinnerungen lassen sich nicht löschen.", warf Edward ein.
Genervt rollte ich meine Augen. "Das weiß ich selber. Danke. Ich wollte nur nicht immer wieder diese farbigen Briefumschläge sehen und automatisch sie wieder vor mir sehen, weißt du? Ich dachte es wäre eine Möglichkeit zu vergessen."
Alles was Edward dazu zu sagen hatte war: "Tja aus Fehlern wird man schlau, aber zum Glück hast du James."
Verwirrt sah ich den Lockenkopf mit hochgezogenen Augenbrauen an. "Wieso habe ich James?"
"Weil ich ein Geschenk für dich habe.", brachte er sich wieder ins Spiel.
"Ich checke gerade nichts."
Edward und James grinsten sich an, ehe James suchend in seinen Rucksack griff. "Hab ich das nicht eingepackt?"
Lewis stöhnte jetzt auch auf. "Ach komm schon, bitte sag jetzt nicht, dass du es im Koffer hast."
"Du weißt auch Bescheid?", fragte ich ihn.
"Jip. Und er...", damit zeigte er auf Zack, "auch."
"Ich habe es!", sagte James und warf mir etwas in den Schoss.
Überrascht griff ich danach und sah es mir an.
"Ein Klebeband? Was soll ich damit?" Verständnislos drehte ich die Kleberolle in meinen Händen.
"Okay, du benötigst noch das Gegenstück."

Ich beobachtete den Braunhaarigen dabei, wie er eine kleine Kiste aus seinem Rucksack zog.
"Was ist das?"
"Deins.", erwiderte er nur und reichte sie mir.
Neugierig griff ich zu und öffnete sie. Als ich ihren Inhalt sah, blieb mir fast die Sprache weg. Es waren lauter bunte klein geschnittene Papierschnipsel: ihre Briefe. Fassungslos griff ich hinein und ließ sie durch meine Finger rieseln.
"Ich habe die doch weggeschmissen.", murmelte ich.
"Ja, und ich habe sie bevor ich dich geweckt hatte, wieder herausgeholt und aufbewahrt."
"Warum?"
"Weil ich dich kenne Neill, genauso wie jeder andere von uns. Du wartest nicht ein Jahr, um dann einfach zu sagen das war es."
"Wir hatten zwar nicht gedacht, dass du so schnell wieder zur Besinnung kommst oder es bereust, aber wir wussten das es irgendwann so weit sein würde.", warf Zack ein.
"Na dann viel Spaß beim Puzzeln.", lachte Edward und kuschelte sich in seinen Sitz. "Dann hast du ja jetzt was zu tun während des Fluges."
"Dankeschön."
"Bitte. Aber das 'Immer wieder gern' sage ich jetzt nicht, weil ich auf das ganze Drama nicht nochmal Lust habe.", lächelte James.
"Geht klar."
Ich konnte von Glück sprechen, dass May farbige Briefe gewählt hatte. Das würde die Puzzlearbeit um einiges erleichtern. Ich nahm meine Jacke und breitete sie über meine Beine aus, um eine Fläche zu erschaffen, auf der ich sortieren konnte. Als Erstes würde ich die Briefe nach Farben sortieren und dann nach und nach ihr geschriebenes.

Mailey POV:

"Schlaf gut mein Engel.", brachte ich Bailey ins Bett. Die Kleine hatte sich in ihre Bettdecke gehüllt und ich hatte ihr noch eine Geschichte erzählt. Ich war nie so der Fan vom Vorlesen gewesen, erstens war es anstrengend und zweitens würden die Kinder eh nicht schlafen, weil das Licht brannte und sie mit ins Buch rein schauen wollten. Also erzählte ich ihr abends immer eine kurze ausgedachte Geschichte über die Tiere, welche sie sich wünschte.
Ich kippte gerade das Fenster an, als Bai leise flüsterte: "May?"
"Ja?"
"Wo geht Mama hin?"
Ich atmete einmal tief aus und hockte mich neben ihr Bett. Trotz der Dunkelheit konnte ich sie sehen.
"Mama geht für ein paar Wochen weg. Sie hat ein paar Probleme und dort können ihr die Leute helfen."
"Aha. Bleibst du bei mir?"
Ich gab ihr einen Kuss auf die Stirn und strich über ihre Haare.
"Ich bleibe immer bei dir und Grammy auch."
Unerwartet schlang sie ihre Arme um meinen Hals und flüsterte in mein Ohr: "Ich habe dich sehr lieb!"
Ich musste lächeln, bevor ich es erwiderte: "Ich dich auch."
"Schlaf gut.", murmelte sie noch und drehte sich dann um.
"Du auch. Bis morgen früh."
Leise schloss ich ihre Tür und ging runter in die Stube.

Alice hatte schon Feuer im Kamin angemacht und sich in die Decke gekuschelt.
"Also der Plan steht. Wirst du das schaffen?"
"Ja, jetzt habe ich ja eine Sorge weniger."
Kritisch sah sie mich an.
"Was?"
"Du hast nicht eine Sorge weniger. Du hast eine andere dafür."

Ich wusste sofort in welche Richtung sie wollte. "Wegen Nate?" Bejahend nickte sie. "Das wird schon wieder.", versicherte ich ihr. "Ich denke mal die Ruhe wird für mich jetzt gut sein. Zu wissen, das Mum morgen in die Klinik kommt und dann in Behandlung ist, ist auch schon eine Sorge weniger. Grammy wird einen Plan erstellen, wegen dem Vermieten und Bai kann wieder hier rum rennen und ich kann mich auf die Arbeit am Haus konzentrieren."
"Übernimm dich nicht."
"Mach ich nicht."
"Hör auf immer zu widersprechen, May. Ich kenne dich. Du denkst an alles und jeden und vergisst dabei selber glücklich zu sein."
"Ich bin glücklich."
Alice schüttelte ihre schwarzen Haare. "So siehst du nicht aus und du bist es auch nicht."
"Ich werde es wieder. Versprochen."
"Okay.", lächelte Alice.
"Was machen wir jetzt noch an unserem letzten Abend?", fragte ich Alice.
"Wie wäre es mit einem schönen großen Eisbecher und einem Film?"
Begeistert stimmte ich zu. "Ich mache Eis, du suchst den Film aus."
"Okay." Alice öffnete den Schrank und sah sich die DVD's an, während ich in der Küche verschwand. "Vanille, Kirsche oder Pfefferminz?", rief ich von der Küche aus.
"Was ist damit?", rief Alice zurück.
Ich rollte mit den Augen. Was wird wohl damit sein?
"Ich will wissen, was ich dir davon ins Gesicht schmieren kann!", rief ich zurück.
"Werde nicht frech!", war ihre Reaktion und ich kicherte.
"Kirsche!", lautete ihre Antwort. Ach schau an, sie hat mich ja doch verstanden. Ich füllte ihren Becher mit Kirscheis und meinen mit Pfefferminz. Schließlich ging nichts und mit nichts meine ich auch nichts, über Pfefferminzeis.

"Was hast du für einen Film?", wollte ich wissen und stellte den Becher auf dem Tisch ab.
Unschlüssig sah sie mich an. "Okay zwischen welchen kann ich mich entscheiden?"
Sie hielt mir 'Das A-Team' und 'Verlobung auf Umwegen' hoch.
"Hm...", überlegte ich und entschied mich dann für die rechte Seite.
"Ich habe Lust auf was spannendes." Und so legte sie 'Das A-Team' in den Rekorder
"Kann ich mal probieren?", fragte ich als der Film gerade begonnen hatte.
"Klar." Sie hielt mir ihr Eis hin und ich nahm einen großen Löffel.
"Danke."
"Bitt- Spinnst du?", regte sie sich auf und ich begann laut zu lachen. Statt das Eis zu probieren hatte ich den Inhalt des Löffels auf meinen Finger geschoben und auf ihrer Wange verteilt.
"Ich hatte dir gesagt, ich schmiere es dir ins Gesicht.", lachte ich noch immer. Langsam begann sich auf ihrem Gesicht auch ein Lächeln abzuzeichnen.
"Du bist blöd."
"Und ich werde dich vermissen."
Sie sah mich mit ihren blauen Augen an. "Ich dich auch."

Kapitel 22 – Abschied und Telefonat

Mailey POV:

Schweren Herzens reichte ich Alice ihren Koffer.
"Und wenn ich dich einfach hier behalte?" Meine Worte zauberten Alice ein Lächeln ins Gesicht.
"Ich komme bald wieder oder du zu mir.", schlug sie vor.
Begeistert nickte ich. "Oh ja wenn ich ehrlich bin vermisse Oxford schon ein wenig."
"Obwohl die Gegend hier auch atemberaubend ist.", gab sie zu bedenken.
"Ja das stimmt.", stimmte ich ihr zu. "Ich bringe dich noch zum Schalter."
Ich war schon ein paar Schritte gegangen, als sich ihre Hand um meinen Oberarm legte. Fragend drehte ich mich zu ihr um.
"Was?"
"Bitte nicht." sagte sie leise. Stirnrunzelnd wartete ich auf eine Erklärung von ihr.
"Bitte was nicht?"
"Ich möchte nicht, dass du mich zum Schalter bringst. Dann fällt mir der Abschied noch schwerer, als er es ohne hin schon tut."
"Kommt nicht in Frage!", widersprach ich und marschierte stur weiter. Alice rannte jedoch mit ihrem Koffer im Schlepptau und stellte sich vor mich.
"Bitte May." Ihr bettelnder Blick machte mir meine Entscheidung nicht unbedingt einfacher. Ich sah kurz zu Boden und wägte für mich das Pro und Kontra ab. "Ich wünsche es mir!", setzte sie leise hinter her.
"Na gut.", gab ich trotzig nach. Augenblicklich zog sie mich in eine enge Umarmung.

"Du bist die Beste!", flüsterte sie mir ins Ohr. Ich kämpfte gegen meine aufkommenden Tränen an. "Weißt du wie dankbar ich bin, das ich dich habe?", fragte ich sie. "Danke dass du immer für mich da bist und mir auch manchmal in meinen Hintern trittst!", lächelte ich sie an, welches sie erwiderte.
"Wir ergänzen uns einfach perfekt."
Still nickend stimmte ich ihr zu. "Es war so schön, das du da warst! Es hat mir gut getan."
"Eine Bitte hätte ich noch.", sagte sie. Mit einer auffordernden Kopfbewegung gab ich ihr zu verstehen, dass sie fortfahren sollte. "Überlege dir demnächst, was du wirklich möchtest. Es ist dein Leben May, und du sollst es nicht für andere leben. Ich weiß, du bist so ein Kopfmensch, aber glaube mir, manchmal wird man nur glücklich wenn man sein Herz entscheiden lässt. Auch wenn es Risiko mit sich bringt. Und in Bezug auf einen bestimmten Jungen schweige ich mal."
Mit den Augen rollend grinste ich sie an. "Er ist wirklich nett."
"Dachte ich auch." Ich wollte gerade etwas erwidern, als sie mich mit einer Handbewegung zum schweigen brachte. "Sein Besuch bei dir hat seine andere Seite gezeigt. Und du musst dir wohl oder übel die Frage stellen, ob du damit klar kommst. Und noch zu was anderem: Mit dem Haus. Schritt für Schritt! Du darfst nicht den ganzen Berg sehen!"
"Okay geht klar."
"Na dann." Alice richtete ihren Blick kurz auf ihre Füße und dann wieder zu mir, bevor sie ihre Arme fest um mich schlang. "Pass auf dich auf.", flüsterte sie mir zu.
"Warum sagst du das immer zu mir? Ich könnte zu dir genauso sagen 'Pass auf dich.'"
"Gut dann hast du es ja jetzt gesagt.", grinste sie. Ich kannte Alice. Das Grinsen war ein Überspielen ihrer Gefühle. Es war leider nicht mal eben so, dass ich mir meine Schuhe anziehen konnte und zu ihr rüber lief.

"Ich geh jetzt, sonst heule ich hier noch.", fasste sich Alice und lief los. Völlig überrumpelt sah ich ihr vom Parkplatz aus zu. Sie drehte sich ein letztes Mal zu mir um und rief noch ein "Hab dich lieb" zu. Winkend antwortete ich: "Ich dich auch!"
"Und folge mir ja nicht! Du hast es versprochen!"
"Ja.", gab ich geknickt wieder und biss mir dann auf die Lippe. Damit verschwand auch meine letzte Person, die mir Halt gegeben hatte und ich realisierte, dass nun alles an mir lag. Alles in die richtige Richtung zu lenken. Aber der Anfang war gemacht, also würde ich auch den Rest hinbekommen.

Neill POV:

"Bringt ihr Fynn auch mit?", fragte ich meinen Dad übers Handy.
"Neill, der Kleine wird entweder zerquetscht bei dem Fanandrang oder er wird uns gekidnappt, weil du ständig Bilder von ihm postest mit der Unterschrift 'Ladys he is Single'. Also nein."
Enttäuscht stöhnte ich auf. "Aber der Rest kommt?"
"Ja, alle bis auf Megan. Sie bleibt bei Fynn."
"Und wann sehe ich ihn?"
"Wenn du heute Abend mit nach Hause kommst."
"Das dauert noch!", beschwerte ich mich. Ich konnte ein Knacksen am Telefon vernehmen und hielt es ein wenig von meinem Ohr entfernt.
"Hallo?", fragte ich.
"Die haben sich gedacht das du nervst und aufgelegt.", lachte James fies.
Ich rollte mit den Augen und sah ihn genervt an. "Ha ha ha."
"Neill?", hörte ich Mums Stimme.
"Hi Mum."
"Sie hat mir das Telefon aus der Hand gerissen.", konnte ich meinen Vater etwas weiter entfernt durch die Leitung hören, was mich lachen ließ. Diese Szene kannte ich nur zu gut aus alten

Zeiten: Mein Dad telefoniert und meiner Mum fällt was ein. Doch statt zu warten, bis Dad fertig erzählt hat, nimmt sie ihm das Telefon aus der Hand und redet einfach drauf los
"Ich bin ja schon so aufgeregt auf heute Abend.", sagte sie.
"Ja ich auch. Wenn ich weiß, dass ihr alle da seit, bin ich irgendwie nervöser."
"Aber wir sind es doch nur."
"Ja eben drum.", grinste ich und stieg in den Van, der uns zum Stadion fahren sollte.
"Was machst du gerade?", fragte sie mich.
"Wir sind eben gelandet und ich bin gerade ins Auto eingestiegen.", erzählte ich.
"Sag mal..." Sie machte eine Pause "...kannst du uns eigentlich jemand vorstellen?" Verwirrt zog ich meine Augenbrauen zusammen.
"Was meinst du damit?"
"Ob du vielleicht jetzt langsam ein Mädchen hast?"
"Mum!", meckerte ich. "Ich habe dir schon mal gesagt, dass ich keine Freundin habe, will oder sonst was!"
"Wollen würde er schon, aber wir arbeiten noch dran Mrs. Adams!", schrie Lewis, damit sie ihn auch ja verstand.
"Sei still!", zischte ich.
"Hast du nun eine Freundin?", fragte sie dank Lewis hoffnungsvoll.
"Nein!"
"Aber wieso haben deinen anderen Jungs immer welche und manchmal sogar kurz hinter einander und du schon seit Jahren nicht?"
Manchmal fragte ich mich wirklich, was das bei ihr ist oder war. Warum wollte sie, dass ich eine Freundin hatte? Es war doch eh so, dass sie mich nicht mehr aus dem Haus haben müssten, sodass ich eine Freundin bräuchte um auszuziehen. Eine Schwiegertochter würde es sowieso nicht gleich werden und einen Enkel hatten sie schon. Ich verstand sie einfach nicht. Für manche Momente kam mir der Gedanke, einfach eine unserer

Stylisten als meine Freundin vorzustellen und zu hoffen, dass sie Ruhe geben würde.
"Na ja egal. Wird schon noch."
"Aber sicher.", gab ich erschöpft wieder.
"Wenn ich dich schon mal dran habe, kann ich dir auch gleich die schlechte Nachricht sagen."
"Was für eine schlechte Nachricht?" Alarmiert fuhr ich in meinem Sitz nach oben. "Mum?"

Kapitel 23 – Schock

Mailey POV:

Ich hing gerade meine Jacke an die Garderobe, als Bai um die Ecke geschossen kam.
"Na du?", begrüßte ich sie und drehte meine kleine Schwester einmal im Kreis.
"Ist Alice weg?", wollte sie wissen.
"Ja. Alice fliegt gerade nach Oxford."
Ich ließ sie wieder herunter und gab ihr einen Kuss auf das Haar. Mir ging es doch wesentlich besser wenn sie hier durch das Haus rannte, auch wenn sie manchmal meinen letzten Nerv nahm.
"Bist du schon wieder zurück?", meinte Grammy und trug einen Korb voll mit Fallobst in die Küche. Ich folgte ihr und sah ihr zu.
"Was machst du denn da?", wollte ich wissen.
"Ich mache Apfelmus. Willst du mir helfen."
"Tut mir leid, aber ich muss anfangen umzuräumen. Damit wir demnächst anfangen können die Gästezimmer einzuräumen."
"Wer kommt denn zu uns zum Schlafen?", wollte Bai wissen und schnüffelte währenddessen in Grammys Korb rum.
"Das weiß ich noch nicht. Es kommt drauf an, wer sich anmeldet. Und ob sich jemand meldet.", setzte ich hinterher.
"Mailey!", sagte Grammy im mahnenden Ton und ich blickte zu ihr auf. Ich ließ einen Seufzer raus und entgegnete: "Ja, ich weiß."
"Gut. Dann beeil dich."
Ich war gerade aus der Küche gegangen als ich mich fragend zu ihr umdrehte.
"Wieso soll ich mich beeilen? Wir haben Zeit! Mum ist die nächsten Wochen erst einmal weg."
"Wir bekommen heute Abend den ersten Gast!", informierte sie mich, als wäre es eine Nebensache.

"Wie bitte?", fragte ich geschockt und starrte die weißhaarige, alte Frau an. Statt mir zu antworten setzte sie seelenruhig den Schäler an den nächsten Apfel und schälte ihn. Manchmal gab sie Bai ein Stückchen ab, welche es sich mit einem Grinsen in den Mund steckte.
"Kannst du mir das bitte mal erklären?", forderte ich aufgebracht.
"Der Enkel von einer aus meinem Kreis braucht eine Unterkunft und da habe ich ihr von unserem Plan erzählt in dem Haus ein zwei Zimmer einzurichten und sie hatte sofort nachgefragt. Ich konnte nicht nein sagen."
Grammy hatte in Dublin so eine Art Club, wie ich es nannte. Offiziell nannte sie es Kreis, aber es lief auf das Selbe hinaus. Ein paar ältere Damen treffen sich einmal die Woche, trinken Kaffee, tratschen über alles mögliche und stricken oder so. Halt das Typische was man macht, wenn man älter ist.
"Wie stellst du dir das denn vor? Wir haben noch nicht mal angefangen oder sonstiges!"
"Sie hat gesagt, er wird keine großen Ansprüche stellen und nur über Nacht hier sein. Am Tag wird er wieder zu seiner Familie fahren."
"Na super. Können wir nicht absagen?", schlug ich vor.
Sie sah von ihrer Arbeit auf und sah mich aus ihren Augen bittend an.
"Wie steh ich denn da Mailey, wenn ich zusage und kurz vor knapp doch noch absage?"
"Hättest ja nicht zusagen müssen.", murrte ich ein wenig.
"Bitte."
"Okay. Ich sag ja nichts.", gab ich auf.
"Wann kommt er?"
"Oh spät hat sie gesagt."
"Na ja, du bist ja wach. Ich wollte heute Abend gerne noch mal raus."
"Auf die Brücke?", sah sie mich forschend an.

Schulterzuckend drehte ich mich um. "Vielleicht." und lächelte. Grammy kannte mich eben zu gut.
"Bai komm! Du musst mir helfen!", rief ich nach meinem Engel.
Es dauerte nicht lange und ihre Schritte waren auf der Treppe zu vernehmen.
"Was soll ich machen?"
"Pack mal bitte alle meine Bücher hier in die Kiste.", sagte ich ihr.
"Warum?"
"Weil ich bei dir schlafen werde."
"Wegen dem Jungen?"
"Ja genau."
Eigentlich wollte ich erst ein Zimmer zur Vermietung preisgeben, wenn wir eins fertig saniert hatten. Doch nun wurde Dank Grammys Aktion den Plan über den Haufen geworfen und es musste ein Plan B auf den Tisch. Ich hatte beschlossen, dass der Enkel von Grammys Freundin dann solange mein Zimmer nehmen und ich bei Bai auf der Matratze schlafen würde. Es war ja auch nur eine Notlösung.
Ich holte daweile einen Koffer vom Dachboden und packte sämtliche Klamotten von mir hinein, die ich nach und nach in Bais Zimmer schleppte.
"Können wir Musik anmachen?", wollte Bai wissen.
"Wenn du willst, mach dir doch was an."
Sie lief zu meinen CD Fach und öffnete den Rekorder, um ihre Wahl hineinzulegen. Kaum hatte sie Play gedrückt liefen auch schon die ersten Töne von 'Starscript' und Bai begann fleißig mitzuträllern.
"Der Apfelmus ist fertig!", teilte mir Grammy durch die Musik mit.
Wir hatten inzwischen 'Secret Kiss' erreicht und ich hatte es auch geschafft mich einigermaßen auf meine Arbeit zu konzentrieren und nicht allzu sehr auf die Sänger oder einen gewissen blonden Iren.
"Könntest du bitte einmal frische Bettwäsche holen?", bat ich sie.
"Ja."

Sie kam mit frischer Bettwäsche wieder und ich bezog das Bett für unseren Gast.
"Ich komm gleich wieder.", sagte Bai und lief die Treppen hinunter.
"Es war nicht böse gemeint.", entschuldigte sich Grammy. Ich lächelte sie liebevoll an.
"Ist doch gut. Dafür übernimmst du aber die Verpflegung.", handelte ich aus.
Bestätigend nickte sie.
"Kann ich noch irgendwas helfen?", wollte sie wissen. Ich sah mich suchend im Raum um und überlegte. "Nein. Mir würde jetzt nichts mehr einfallen. Bai und ich habe meine Sachen schon drüben bei ihr im Zimmer. Mein Bettzeug auch. Eigentlich ist alles soweit fertig."
"Nicht ganz!", sagte Bai und stellte ein paar Gänseblümchen auf den Nachtschrank, welche sie gerade eben vor unserem Haus gepflückt hatte.
"Jetzt schon!", strahlte sie zufrieden.
Ich öffnete das Fenster, damit es noch einmal richtig durchlüftete und schloss dann meine Zimmertür.
"Wenn wir jetzt alles haben, würde ich gerne raus gehen.", sagte ich zu Grammy. Ich brauchte dringend die Zeit für mich, um mir einen Plan zu erstellen, wie alles weiter gehen würde.
"Nein! Erst nachdem du Abendbrot gegessen hast."
Ich rollte einmal mit den Augen, widersprach ihr aber nicht. Wir aßen alle drei gemeinsam zum Abendbrot und danach machte ich mich mit einem Block und einer Federtasche auf den Weg zu meinem Platz. Ich zog meine dicke Jacke an, da der Wind garantiert am Meer pfiff als hier und schloss leise die Tür hinter mir.

Neill POV:

"Was denn für Nachrichten Mum?"
Sie holte tief Luft und antwortete: "Du wirst nicht bei uns schlafen."
"Was?" Verwirrt zog ich meine Augenbrauen zusammen. "Warum?"
"Du weißt Neill, die Fans werden unser Haus belagern, dich belagern. Wir hatten das die letzten Male immer und wenn wir ehrlich sind ist das doch kein Urlaub. Weder für uns noch für dich."
"Aber das ist mein Zuhause, Mum!", widersprach ich.
"Ich weiß mein Schatz. Aber dein Dad und ich haben uns überlegt, dass wir dir ein Zimmer suchen und du dort übernachtest. So kannst du dich auch erholen und am Tag können wir gemeinsam was unternehmen."
"Na klasse.", gab ich enttäuscht von mir. "Also schlafe ich heute nicht bei euch?"
"Nein."
"Muss ich mir noch eine Unterkunft suchen?"
"Nein, wir haben schon etwas für dich gefunden. Ist sogar in der Nähe vom Meer.", versuchte sie mir ihre Idee schmackhaft zu machen.
"Das macht es auch nicht besser.", gab ich murmelnd von mir.
"Es ist nur eine Stunde von Mullingar entfernt. Also nicht die Welt."
"Eine Stunde?!", schimpfte ich. "Das wäre eine Stunde, die ich mit euch hätte verbringen können."
"Wir meinen es doch nur gut!", mischte sich jetzt auch wieder mein Dad ein.
"Ja, ich kann jetzt eh nichts mehr dran ändern. Ich muss jetzt los. Bye, wir sehen uns später.", sagte ich und legte auf. Ich war enttäuscht von ihnen. Es kam mir vor,als würden sie sich gar nicht wirklich auf mich freuen oder mich bei sich haben.

"Was ist denn los?", wollte Zack wissen der anscheinend meinen Blick bemerkt hatte.
"Meine Eltern wollen mich los werden.", antwortete ich und drehte gedankenverloren mein Handy im Kreis.
Als ich Zacks auffordernden Blick sah, erklärte ich ihm die Sachlage.
"Ich meine auf der einen Seite kann ich sie verstehen und auf der anderen Seite aber wieder auch nicht."
"Mach einfach das Beste draus.", sagte er und schlug mir auf die Schulter. "Es ist nur zum Schlafen. In der Zeit könntest du bei dir Zuhause auch nichts machen."

Das Konzert war wieder einmal ausverkauft und die Fans kreischten noch mehr. Ab und zu warf ich während des Programms einen Blick zu meinen Eltern und lächelte sie an. Mittlerweile hatte ich mich mit dem Gedanken abgefunden, woanders schlafen zu müssen. Es war keine große Sache. Musste ich während der Tour ja auch machen.
Am Ende der zwei Stunden verabschiedeten wir uns und verschwanden nach hinten wo meine Familie schon auf mich wartete. Glücklich nahm ich sie in die Arme. Auch wenn ich noch ein wenig sauer war, überwog doch meine Freude sie nach Monaten endlich wieder zu sehen.
"Ich freue mich so dich zu sehen!", sagte meine Mum und drückte mir einen Kuss auf die Wange, welchen ich angeekelt wegwischte, was James und Lewis zum Lachen brachte.
"Seid still!", zischte ich grinsend zu ihnen rüber.
Ich verabschiedete mich schnell von den anderen und von John, um mit meinen Eltern nach Hause fahren zu können.
"Denk dran, übermorgen musst du wieder hier sein."
"Ja geht klar."
Die Fahrt über erzählte die meiste Zeit meine Mutter, weswegen Connor und ich uns ab und zu vielsagende Blicke zuwarfen. Es war doch schön zu wissen, dass sich manche Dinge nie änderten.

Zuhause angekommen erfuhr ich leider von Megan, dass Fynn schon im Bett lag und schlief und ich ihn erst morgen sehen würde. Jedoch ließ ich es mir nicht nehmen leise in sein Kinderzimmer zu schleichen und ihm vorsichtig über den Kopf zu streicheln.

"Ich werde dann mal losmachen, da ihr mich nicht bei euch haben wollt.", sagte ich und stand von der Couch auf. Wir hatten uns alle samt mit einer Tasse Tee und selbstgebackenen Kuchen von meiner Mum in die Stube gesetzt und erzählt.
Ich zog meine Schuhe an, steckte meinen Autoschlüssel in die Tasche und verabschiedet mich.
"Dann bis morgen!", winkte ich ihnen zu und fuhr die Einfahrt hinaus. Howth. Ich musste nach Howth. Ich hatte zwar schon mal davon gehört, aber selber war ich noch nie da gewesen.
Ich schaltete das Radio ein und fuhr durch die beleuchteten Straßen von Irland. Im Takt klopfte ich das Lied mit, als ich ein Schild durch meine Scheinwerfer erkennen konnte: 'Howth'. Ich war also angekommen. Ich hörte auf die Navistimme und setzte den Blinker als es mich mit einem "Sie haben ihr Ziel erreicht." zum stehen brachte.
"Na super.", schimpfte ich, als ich das alte Haus vor mir sah. Das konnte doch nicht deren Ernst sein! Hier stand nicht einmal das Zimmer vermietet wurden. Vielleicht hatten meine Mum und mein Dad mir die falsche Adresse oder Nummer gegeben? Ich öffnete meine Autotür, stieg aus und bahnte mir einen Weg zur Eingangstür und versuchte den Namen zu erkennen. Doch es war zu dunkel und zur Hälfte war er auch abgeblättert, also klingelte ich.
Es war schon spät und leicht begann ich zu zweifeln, ob die Besitzer noch wach waren. Doch als ich Schritte von drinnen hören konnte, atmete ich erleichtert auf und wartete.
"Ach Hallo.", begrüßte mich eine ältere Frau.

"Hallo."
"Ist er da?", hörte ich eine Mädchenstimme und kurz darauf erschien ein kleines blondhaariges Mädchen neben der Oma.
"Komm doch rein." Einladend hielt sie mir die Tür auf und ich betrat mit meiner Tasche in der Hand den Flur.
"Du bist der Enkel von Grace, richtig?"
"Ja genau.", stimmte ich zu und lächelte sie an.
"Schön. Wir haben schon auf dich gewartet."
Das kleine Mädchen starrte mich mit weit aufgerissenen Augen an und zupfte immer wieder an der Schürze von ihrer Oma, ohne dabei den Blick von mir zu nehmen.
"Grammy.", sagte sie.
"Nicht jetzt.", meinte sie und wollte gehen. Doch die Kleine ließ sie nicht.
"Grammy!", wiederholte sie und ich musste lächeln, da das Bild einfach zu niedlich war.
Genervt stöhnte sie auf. "Jetzt lass doch erst einmal unseren Gast in sein Zimmer bringen." Sie wandte sich zum Gehen um, als sie ein letztes Mal "Grammy!", rief.
"Was hast du denn Bai?"
"Der sieht aus wie, wie der von der CD!", flüsterte sie, jedoch so laut, dass ich es noch hören konnte.
"Von welcher CD?"
"Die wir heute gehört haben."
Ihr Blick wurde schon fast ängstlich, als ich vor ihr in die Hocke ging. "Ich bin Neill.", stellte ich mich ihr vor und hielt ihr die Hand hin.
Schüchtern sah sie mit ihren blauen Augen erst meine Hand und dann mich an. "Singst du?", fragte sie. Ihre Oma war anscheinend schon nach oben gegangen, da das Mädchen und ich allein im Flur waren.
"Ja.", beantwortete ich ihre Frage. "Und wie heißt du?"
"Bai."

Was danach folgte, passierte so unheimlich schnell, dass ich es gar nicht gleich begriff.
Die Haustür ging auf und ein frischer Wind wehte herein, als ich mich umdrehte und ein mit dem Rücken mir zugewandtes Mädchen erblickte.
"Diese dumme Tür!", schimpfte sie, als diese sich nicht gleich schließen ließ. "Ist er schon da?"
Wie verwurzelt blieb das Mädchen vor mir stehen, als sie sich umgedreht hatte und auch ich regte mich nicht. Bai: Bailey – ihre kleine Schwester. Meine Augen glichen wahrscheinlich den ihrigen, als sie mich vor sich in der Hocke mit ihrer kleinen Schwester sah. Langsam erhob ich mich und stand vor ihr. Unglaubwürdig sah sie zu Bai und dann wieder zu mir.
"Was machst du hier?", brachte sie endlich ein Wort heraus.
"May?"

Kapitel 24 – Gedanken

Mailey POV:

Fassungslos sah ich Neill an. Er konnte doch unmöglich unser Gast sein!
"Du wohnst hier?", fragte er.
"Ja.", gab ich ein wenig zickig von mir. Warum konnte auch mal nie etwas nach meinem Plan verlaufen? Wie wäre es denn, wenn alles nach und nach in meinem Leben passieren würde und nicht so Schlag auf Schlag und dann noch im dreifachen Tempo. Ich legte den Hausschlüssel in die Schale auf der Kommode und hing meine Jacke auf den Garderobenhagen.
"Grammy!", rief ich einmal durch das Haus und wartete auf ihre Antwort. Ich sah ab und zu mal kurz zu Neill, welcher mich immer noch teils geschockt ansah, als sei ich eine ausgestellte Puppe oder dergleichen.
"Ja?"
Endlich.
"Hast du Neill schon sein Zimmer gezeigt?"
"Nein!"
"Na dann komm.", wandte ich mich an ihn.
"Ich will auch mit!", rief Bai.
"Warum bist du überhaupt noch nicht im Bett?", fragte ich vorwurfsvoll. Schuldbewusst sah sie auf den Boden und verschränkte die Hände hinter ihrem Körper.
"Ich wollte noch den Jungen sehen und da habe ich Grammy überredet."
Ich rollte einmal mit den Augen und seufzte auf. Bais Hundeblick zu widerstehen war wirklich schwer. Das wusste ich selber aus Erfahrung.

"Aber weißt du was?", strahlte sie plötzlich. Ich bückte mich und nahm meine kleine Schwester auf den Arm.
"Was denn?"
"Der", damit zeigte sie mit Finger auf Neill.
"Man zeigt nicht mit dem Finger auf andere Leute!", wies ich sie zurecht.
Neill begann zu lachen und tat es mit einem "Kein Problem" ab. Selbst die paar Worte sorgten in mir für Chaos und ich hatte meine liebe Not, mich auf Bai zu konzentrieren.
"Er singt in der Band, die ich so mag."
"Ach, echt?", spielte ich überrascht und Bailey begann zu lachen.
"Hm."
"Aber es ist jetzt schon spät. Geh schon mal ins Bett, ich komme gleich." Ich gab ihr einen kurzen Klaps auf den Po und kichernd rannte sie in ihr Zimmer, was ja jetzt theoretisch unseres war.
Ich drehte mich um und sah Neill an. Die ganze Situation kam mir so unreal vor, dass ich mich am liebsten kneifen wollte.
"Ich zeig dir dann mal am besten dein Zimmer."
Er nickte und folgte mir still.
"Hier." Ich öffnete die Tür von meinem alten Zimmer und ließ ihm den Vortritt. Er trat ein und stellte erstmal seine Tasche auf das frisch bezogene Bett ab.
"Ist das dein Zimmer?", fragte er unerwartet. Überrascht sah ich ihn an.

Neill POV:

"Es war mein Zimmer.", erklärte sie mir.
"Wieso war?", hakte ich nach und beobachtete das dunkelblonde Mädchen aufmerksam. Ihre Augen gingen schnell von rechts nach links, als ob sie nach der Antwort suchte.

"Aufgrund von Umstrukturierungen. Brauchst du sonst noch was? Oder kann ich dir noch irgendetwas bringen oder für dich machen?", lenkte sie ab.
Am liebsten hätte ich geantwortet, dass sie hier bleiben sollte und wir uns die ganze Nacht unterhielten.
"Nein, danke. Alles gut."
"Okay.", sie nickte verstehend mit dem Kopf. "Dann gute Nacht dir.", verabschiedete sie sich. Gerade als sie die Zimmertür schließen wollte, kam Bai daran vorbeigehuscht und rannte auf mich zu. Sie schlang ihr kleinen Arme um meinen Bauch und murmelte: "Ich hatte vergessen dir gute Nacht zu sagen."
Ich lächelte. Sie sah nach oben zu mir hoch und lächelte mich an. Bailey hatte genau das gleiche Lachen wie May. Es war zwar nur ein Lächeln, aber denn noch verbarg sich etwas schelmisches darin.
"Komm jetzt Bai.", rief May sie. Sie winkte mir nochmal zum Abschied und verschwand dann mit ihrer großen Schwester nach draußen.
Erschöpft ließ ich mich rückwärts auf das Bett fallen. Ich konnte es nicht glauben: ich war bei May. Bei meiner May. Hätte ich gewusst, dass sie mir hier bei ihr ein Zimmer reserviert hatten, hätte ich Zuhause nicht so einen Aufstand gemacht. Ich atmete einmal tief durch.
Ich fuhr mir mit meinen Händen einmal über das Gesicht und setzte mich wieder auf. Meinen Blick ließ ich durch das erleuchtete Zimmer schweifen. War May hier ausgezogen, um es mir zur Verfügung zu stellen?
Bailey war wirklich groß geworden. Die Kleine hatte ich nicht erkannt. Ich meine klar, es war eine lange Zeit her, dass ich bei den Bennetts im Wohnzimmer gesessen und auf Mailey gewartet hatte. Mein Blick blieb bei einem eingerahmten Bilderrahmen hängen, welcher noch einzelne kleinere enthielt. Ich stand auf und lief hinüber, um sie mir genauer ansehen zu können. Auf dem ersten Bild konnte ich Bai und May zusammen auf einer Schaukel

erkennen, wie sie beide in die Kamera lachten. Allein dieses Bild und die Lebensfreude die es ausstrahlte, ließen mich grinsen. Auf einem anderen konnte ich eine Art Plattform erkennen und darunter das tosende Meer. Auf dem Nächsten war eine Lilie zu erkennen, die in ihrer vollen Blüte stand und an einem sonnigen Tag fotografiert wurde. Auf dem nächsten Bild waren May, Bai und ihre Mutter würde ich sagen, von dem wie ich sie in Erinnerung hatte und ihre Oma abgebildet. Ob May überhaupt ein Foto von ihrem Vater besaß? Ich meine ich wusste ja, dass er damals abgehauen war, aber ob sie sich an ihn noch richtig leibhaftig erinnern konnte? Auf dem vorletzten Bild war erneut May und ein schwarzhaariger Junge zu sehen. Ich beugte etwas meinen Oberkörper nach vorn, um es genauer sehen zu können. War das ihr Freund? Der Schwarzhaarige hatte seinen Kopf auf ihre Schulter abgelegt und ich erkannte, dass es ein selbst geschossenes Foto sein musst, da Maileys Arm rechts aus dem Bild verschwand. Ich musste mir leider eingestehen, dass der Junge wirklich gut aussah, falls es wirklich Nate sein sollte. Also einen schlechten Geschmack hatte May auf jeden Fall nicht. Aber ich konnte dann wirklich ganz vergessen, dass ich jemals eine Chance gehabt hätte, dass sie auf mich stehen würde. Ich war immerhin blond und sie schien ja auf schwarzhaarige zu stehen. Aber warum machte ich mir darüber wieder Gedanken? Sie war eh vergeben und glücklich!
Ich wandte mich wieder den Bilder zu und versuchte meine Gedanken zu vergraben. Auf dem letzten Bild war sie mit Alice zu sehen, wie die beiden verrückte Grimassen zogen.
Ich beschloss, dass es wahrscheinlich besser für mich wäre, versuchen zur Ruhe zu kommen und zu begreifen, dass ich gerade im selben Haus wie May schlief.

Mailey POV:

"Bai, jetzt schlaf.", mahnte ich. Ich hatte ihr schon zwei Geschichten erzählt und trotzdem plapperte sie non-stop weiter. Mich hätte es ja auch nicht so doll gestört, wenn es erstens nicht die ganze Zeit um Neill gehen würde und zweitens Neill nicht in meinem Zimmer hier schlafen würde und ich drittens selber zu tun hatte in meinem Kopf für Ordnung zu sorgen.
"Bist du müde May?", fragte sie.
"Ja." Obwohl es mehr als gelogen war.
"Dann gute Nacht.", sagte sie.
"Schlaf du auch schön."
Ich drehte mich auf die andere Seite und sah in den Raum rein. Warum gerade er? Warum musste gerade er hier ein Zimmer bekommen? Warum musste gerade er der Enkel sein? Auf einer gewissen Art und Weise begann ich mich zu schämen, dass ich hier mit Grammy und Bai in dem alten Haus lebte. Wenn er es am helllichten Tag sehen wird, möchte ich gerne wissen wo das Loch ist, um mich zu verstecken. Ich wurde aus meinen Fluchtgedanken gerissen, als mein Handy aufleuchtete. Ich hatte es neben mir liegen, da das Akku laden musste. Ich entriegelte es und sah auf WhatsApp, dass Nate mir geschrieben hatte.

Von Nate:
Hi meine Süße. Ich habe mich lange nicht mehr gemeldet. Alles gut?

Ich begann mit mir zu hadern, ob ich ihm antworten sollte. Aber da ich eh wegen einem gewissen Jungen nicht schlafen würde können, könnte ich ihm genauso gut antworten.

An Nate:
Hi. Ja, geht wieder.

Von Nate:
Sicher? Klingt nicht überzeugend.

An Nate:
Doch. Genieß du mal dein London.

Von Nate:
Von genießen kann keine Rede sein.

An Nate:
Warum?

Von Nate:
Ich kann mich nicht wirklich konzentrieren auf meine Arbeit und außerdem fehlst du hier, um es genießen zu können.

An Nate:
Ach...

Von Nate:
Ja. Es tut mir leid Mailey, dass ich so ausgerastet bin. Ich hätte so nicht abreisen dürfen! Wir beide hätten uns nochmal aussprechen müssen...okay ich hätte mich entschuldigen müssen...nicht wir beide. Sorry, ich wollte nicht das wir uns so trennen.

An Nate:
Du hast mir weh getan Nate.

Von Nate:
Ich weiß. Also nicht sofort. Aber ich habe hier Zeit über vieles nachzudenken und da ist es mir bewusst geworden. Ich werde es wieder gut machen, wenn ich zurück bin und dich unterstützen wo ich nur kann.

An Nate:
Versprich dir nicht zu viel.

Von Nate:
Es ist kein Versprechen. Es ist eine Warnung für dich, dass du mich dann nicht mehr los wirst:P
Ich liebe dich wirklich Mailey, auch wenn ich es nicht immer zeigen kann! :*

An Nate:
Ich will jetzt schlafen, Nate. Es ist schon spät und heute war auch mächtig was los. Gute Nacht und wir hören von einander.

Von Nate:
Kein Gute Nacht Kuss???

An Nate:
*:**

Von Nate:
Der reicht gerade mal bis morgen ,)
Ich liebe dich Mailey <3
Fühl dich gedrückt und geküsst von mir...schlaf gut...Zzzzzzz

Ich legte mein Handy wieder zur Seite und schloss meine Augen. Ich beschloss nicht zu viel vorerst auf Nates Worte zu geben, auch wenn sie mich mit Glücksgefühlen erfüllten. Ich würde ja sehen wie er morgen drauf sein und auch wie es mit Neill weiter gehen würde.

Kapitel 25 – Gemeinsamer Morgen

Mailey POV:

Verschlafen rieb ich über meine Augen und sah auf die schlafende Bai. Nachdem ich ihr einen Kuss auf die Stirn gegeben hatte, schlich ich leise aus dem Zimmer, um sie nicht zu wecken. Ich schloss die Tür und versuchte das dabei die Klinke so wenig wie möglich in meiner Hand knarrte.
Ich wollte gerade mich umdrehen, als ich gegen etwas stieß. Erschrocken quiekte ich auf, hielt mir aber schnell die Hand vor den Mund, um Bailey nicht noch durch meinen spitzen Schrei aufzuwecken. Als ich mich umdrehte, sah ich Neill vor mir stehen.
"Hergott was machst du hier?", pampte ich ihn etwas an.
"Ich schlafe hier?", antwortete er leise.
"Aber wohl kaum im gehen und bestimmt nicht vor unserer Tür!" Ich taste mit meinen Händen nach dem Lichtschalter und sofort strahlte die Glühbirne. "Es ist sechs Uhr morgens, als was bist du schon wach?", hakte ich wieder nach.
"Das Selbe könnte ich dich doch auch fragen.", widersprach er. Ich rollte mit den Augen und murmelte ein: "Du gehst mir jetzt schon auf die Nerven.", vor mich hin.
"Das habe ich gehört.", bemerkte er emotionslos.
"Umso besser, brauch ich mich nicht zu wiederholen. Es ist ja fast schon zu klischeehaft, dass du auch um die selbe Uhrzeit raus musst wie ich."
Neill stöhnte einmal auf. "Ich kann nichts für meine Blase. Könntest du mir aber bitte vielleicht mal sagen, wo eure Toilette ist? Dann brauch ich nicht in alle Räume zu schauen."
"Unten rechte Seite erste Tür.", gab ich die Info.
"Danke."

Neill ging vor mir die Treppe hinunter. Wenn ich mal genau nachdachte, wusste ich nicht einmal weshalb ich so mies zu ihm war. Ich hatte ja auch überhaupt keinen Grund dazu. Während Neill auf das Klo ging, bog ich in die Küche. Ich brauchte einfach einen Kakao oder irgendwas Schokoladiges, damit ich den Tag überlebte. Ich öffnete den Küchenschrank und suchte nach der Schokolade, die ich einen Tag zuvor gekauft hatte. Ich war felsenfest sicher, dass ich sie in den Schrank geräumt hatte. Ich lehnte mich kurz dagegen und überlege wo sie noch sein konnte. Ängstlich öffnete ich den Kühlschrank. "Na klar." Das Schlimmste was ich befürchtet hatte war wahr geworden: Schokolade im Kühlschrank! Ein absolutes No-go!
"Machst du Frustessen?", lachte Neill.
Ich sah von meinem Vollmilchstückchen zu ihm auf. Trotz der Tatsache, dass ich ihn eben so angegangen war, lächelte er mich an und in mir machte sich das schlechte Gewissen breit.
"Das Gewissen beruhigen.", antwortete ich.
Er runzelte die Stirn und kam näher. Neill hatte, genau wie ich, nur Schlafzeug an oder exakter gesagt nur die Hose davon.
"Wegen was musst du dein Gewissen beruhigen?"
"Tut mir leid, dass ich die so angepflaumt habe.", entschuldigte ich mich leise.
"Schon gut." Er griff nach der Schokolade und nahm sie mir weg.
"Ey!", beschwerte ich mich. Neill drehte sich zum Kühlschrank und sagte: "Ich will nicht der Grund sein, dass du Frustessen machst." und legte die Süßigkeit hinein.
"Halt!", schrie ich halb und sprang von meinem Stuhl.
"Auf keinem Fall gehört Schokolade in den Kühlschrank!", belehrte ich ihn. Er hob grinsend die Hände.
"Wenn du die Hände in die Luft hältst, komme ich auch nicht an meine Schokolade ran."
Er reichte sie mir und ich verstaute sie sicher im Küchenschrank. Danach sagte weder er ein Wort noch ich. Meine Beine baumelnd schaute ich von meinem Stuhl aus dem Fenster. Die Sonne ging

langsam auf und die ersten Strahlen kamen durch die Nachtwolken durch.
"Scheint, als würde heute ein schöner Tag werden.", sagte ich.

Neill POV:

Nachdem sie das gesagt hatte, starrte sie wieder gedankenverloren nach draußen.
"Hm.", gab ich nur von mir. Ich wusste nicht, ob es der richtige Moment war May mal auf paar Dinge anzusprechen oder ihr Fragen zu stellen, die mir förmlich auf der Zunge brannten.
"May?", kam eine leise Stimme.
Neugierig drehten wir beide den Kopf und sahen Bailey mit ihrem Kuscheltier in der Hand im Flur stehen. Verschlafen rieb das kleine blonde Mädchen sich die Augen.
"Was denn los?", fragte May in gedämpfter Lautstärke.
"Warum bist du weg?"
"Ich konnte nicht mehr schlafen.", antwortete sie.
Für mich stand fest, dass einiges hier passiert sein musste. Wenn May um die Uhrzeit nicht mehr schlafen konnte und mich sogleich angehen kann, heißt das, dass sie schon eine ganze Weile nicht mehr schlafen konnte.
"Warum ist Neill nackig?", wollte sie wissen.
Überrascht sah ich an mir herunter und musste schließlich grinsen. Ich trug nur meine Schlafanzughose, weil mir die Nacht über hin warm geworden war. Mailey rutschte vom Stuhl, sah mich kurz lächelnd an und lief rüber zu Bailey, die sie auf den Arm nahm.
"Neill ist nicht nackig.", lachte sie.
"Doch!", widersprach Bailey und legte müde ihren Kopf auf Mays Schulter.
"Er hat eine Hose an, Süße."

Mailey gab ihrer kleinen Schwester einen Kuss auf den Kopf und sagte leise zu mir: "Ich geh wieder nach oben."
Ich nickte bestätigend mit dem Kopf. Nach einer Weile beschloss ich mich auch nochmal hinzulegen, da sich bei mir ebenfalls die Müdigkeit wieder breit machte. Als ich an der Tür von den beiden entlang ging, konnte ich nicht widerstehen und öffnete sie so leise wie möglich. Das Bild was ich sah, war einfach zu süß. Mailey hatte Bailey fest im Arm auf der Matratze liegen, während diese ihren Kuschelhasen fest umschlossen hielt. Ich ließ die Tür offen und schlich in mein Zimmer, um mein Handy zu holen und ein Foto davon zu machen. Danach schloss ich leise die Tür und legte mich auf das Bett. Ich öffnete den Gruppenverlauf von den Jungs und mir und schrieb: "Ihr glaubt nicht was mir passiert ist." Dann legte ich das Handy beiseite und schloss auch meine Augen.

Ein leises Klopfen vernehmend wachte ich auf.
"Morgen!", begrüßte mich die Oma.
"Morgen."
"Grammy du kannst nicht einfach in sein Zimmer!", protestierte May und es dauerte nicht lange, da erschien sie ebenfalls, was mich lächeln ließ. Ihre Haare hatte sie nun gekämmt zu einen Zopf zusammengebunden.
"Wieso, ich wollte sagen, dass das Frühstück fertig ist?"
"Schön, jetzt weiß er es, also lass ihn schlafen. Außerdem brauche ich dich beim Einkaufen."
Kaum hatten die beiden die Tür geschlossen, zog ich mich schnell an und tippelte die Treppe runter.
"Ich kann dir auch beim Einkaufen helfen.", meldete ich mich schnell zu Wort.
"Nein! Du musst mit mir spielen!", sagte Bailey und zog an meinem Arm.
"Bailey!" Mailey schenkte ihr einen bösen Blick und sofort ließ sie meinem Arm los und sah beschämt auf den Boden. Es tat mir leid. Ich ging in die Hocke und drückte vorsichtig ihr Kinn mit meinem

Finger nach oben.
"Hey Prinzessin, nicht weinen." Die Kleine sah mich mit wässrigen Augen an und schniefte einmal kräftig. "Wenn ich wieder zurück vom Einkaufen mit deiner Schwester komme, spielen wir was, ja?" Langsam nickte sie mit dem Kopf. Ich lächelte sie an und meinte: "Jetzt musst du noch lächeln und schon siehst du gleich wieder so hübsch aus wie immer." Es dauerte keine Minuten und sie grinste mich an. Ich stand aus der Hocke auf und sah May an, die das Geschehen beobachtet hatte.
Ich nahm meinen Autoschlüssel und hielt ihr einladend die Tür auf.
"Passt du bitte auf Bai auf?", fragte sie noch ihre Oma.
"Ja, geht schon."

Ich startete den Motor und fuhr die Einfahrt raus. "Wo fahren wir hin?"
"In den Baumarkt.", sagte sie.
"Warum?"
"Um einzukaufen.", lachte sie.
"Schon klar, aber was brauchst du denn? Wo lang?"
"Nach rechts. Ach verschiedenes. Ein bisschen was fürs Bad, Stube, Schlafzimmer.", zählte sie auf.
"Na dann ist es doch erst recht besser das ich mit bin."
Sie sagte nichts, sondern sah nur still aus dem Fenster, während ich auf der Straße gerade ausfuhr.
"Danke.", murmelte sie leise.
"Wofür?"
Ich konnte mich nicht erinnern, dass ich irgendwas gemacht hatte, wofür sie sich hätte bedanken können. Sie sah vom Fenster weg und mich an. Und da waren sie wieder: ihre grau-blauen Augen. Doch ihnen fehlte die Lebensfreude, die ich eigentlich immer in ihnen sehen konnte.
"Für die Aktion mit Bailey und auch das du jetzt mitkommst. Ich nehme das nicht für selbstverständlich."

Ich richtete meinen Blick wieder auf die Straße, damit ich zum Schluss nicht noch einen Unfall oder so baute.
"Jetzt hier links rein.", zeigte sie und ich setzte den Blinker. Als das Auto auf dem Parkplatz zum Stehen kam, schnallte sie sich ab. Ich atmete einmal tief ein und aus.
"May?"
Fragend drehte sie sich mit dem Oberkörper wieder halb zu mir.
"Wo ist die alte Mailey? Wo ist deine Lebensfreude hin?"

Kapitel 26 – Ich bin für dich da

Neill POV:

Es war, als wäre sie durch meine Worte eingefroren. Keine Bewegungen und keine Antwort von ihr folgten.
"May?" Unsicher griff ich ihr an den Arm und strich behutsam darüber. Plötzlich drehte sie sich mit dem Rücken zu mir und fing an zu weinen. Das wollte ich doch auch nicht. Schnell schnallte ich mich ab, zog den Autoschlüssel aus dem Zündloch und lief auf die Beifahrerseite. Vor sie mich hockend, streichelte ich über ihren Oberschenkel.
"Hey, was ist denn los?", fragte ich leise. Nie hatte ich vermutet, dass meine Frage so viel in ihr auslösen würde und ich hatte keine Ahnung was ich jetzt machen sollte.
"Willst du darüber reden?" Verneinend und unter Schluchzen schüttelte sie den Kopf. In meiner Hosentasche kramend, holte ich ein Taschentuch hervor und reichte es ihr.
"Komm her."
Ich erinnerte mich, dass das Beste was meine Mutter immer gemacht hatte, wenn ich am weinen gewesen war, mich in eine Umarmung zu schließen. Ich griff nach Mays Händen, die sie schützend vor ihr Gesicht hielt und zog sie daran aus dem Sitz nach oben und schloss meine Arme fest um ihren Oberkörper.
"Shh..." Es tat mir leid, dass ich derjenige war, der dies ausgelöst hatte. Ich streichelte in sanften und gleichmäßigen Tempo über ihre Haare hinunter zu ihrem Rücken. May hatte ebenfalls ihre Arme um meinen Körper geschlungen und hielt sich krampfhaft an meinem Shirt fest, während sie ihr Gesicht darin verdeckte. Wäre die Situation nicht so traurig, würde ich es ja fast genießen so mit ihr zu stehen.

"Alles wird gut.", flüsterte ich, auch wenn ich mir überhaupt nicht sicher war, was man in solchen Situationen sagte. Doch erneut schüttelte sie ihren Kopf und gab mir zu verstehen, dass sie daran nicht glaubte.
"Wieso denn?" Ich löste die Umarmung und schob sie sanft etwas von mir weg, um ihr zuhören zu können.
"Weil nichts gut wird.", widersprach sie im trotzigen Ton, was mich etwas lächeln ließ.
"Und warum?"
Sie hatte ihre Hände von meinem Shirt gelöst und fuhr sich mit dem Handrücken über ihre Wange, um die Tränen wegzuwischen. "Ist egal!", murmelte sie und wollte Richtung Eingang gehen, als ich schnell nach ihrer Hand griff. "Du gehst nirgendwo hin.", sagte ich mit fester Stimme. Verdutzt und überrascht sah sie mich aus ihren verweinten Augen an. "Nicht bevor du mir eine Antwort gegeben hast."
Ich drehte uns so, dass sie an dem Auto lehnte und ich in einiger Entfernung vor ihr stand.
"Was war jetzt ein meiner Frage so schlimm, dass du dermaßen weinen musstest?"
Mailey begann auf ihrer Wangeninnenseite zu kauen. Ihren Blick auf den Boden gerichtet antwortete sie: "Das du es bemerkst hast, obwohl ich alles daran setzte, dass es niemand merkt."
"Das was niemand merkt?", hakte ich nach.
"Du weißt es doch, warum fragst du dann noch?"
Ich überlegte scharf. Ich hatte zwar gemerkt, dass sie sich sehr verändert hatte, aber nicht, was der Grund dafür gewesen ist.
"Ich weiß es nicht, also erzähl es mir bitte."
Ich hörte wie erneut einige Schluchzer in ihr aufkamen und sie versuchte diese zu unterdrücken. Wo war ihr Lächeln geblieben? Was war passiert, dass sie so zerbrochen war?
"Es ist einfach alles.", fing sie leise an. Ich hielt es für besser still zu sein und darauf zu warten, dass sie weiter redete. "Aber ist

egal. Du hast genug um die Ohren, da brauche ich nicht noch mit meinen Problemen anfangen.", brach sie ab.
Das dunkelblonde Mädchen versuchte sich an mir vorbei zu quetschen, als ich mich ihr in den Weg stellte.
"May, du belastest mich nicht!", widersprach ich und sah ihr in die Augen. "Ich mag dich und möchte dir helfen und wissen was los ist." Dass das Wort 'mag' nicht ganz der Wahrheit entsprach, ließ ich unter den Tisch fallen. Eigentlich hätte ein anderes Wort viel besser den Sinn dieses Satzes erfüllt. Also setzte ich ein "Ich mag dich wirklich sehr!" hinterher.

Mailey POV:

Überrascht schaute ich zu ihm auf und sah sein aufmunterndes Lächeln. Mir wurde ganz warm ums Herz bei seinem letzten Satz und ich konnte ihn mir gar nicht oft genug in Erinnerung rufen.
"Ich habe einfach das Gefühl ich schaffe nichts."
"In welcher Hinsicht?"
"Mit allem. Es ist so, ich möchte für Bailey da sein. Das sie später sagen kann, sie hatte eine schöne Kindheit, trotz der ganzen Umstände. Ich möchte, dass sie einfach nur glücklich ist."
"Aber wie kann Bai glücklich sein, wenn sie ihre Schwester nie lächeln sieht?", warf er ein.
"Es ist nicht leicht zu lächeln und mir fehlt die Kraft dazu.", gab ich zu.
"Warum? Wo ist deine Mutter?"
Ich holte einmal tief Luft und versuchte damit die aufkommenden Tränen hinter den Berg zu halten. "In einer Klinik. Ich weiß auch nicht, wann sie raus kommen wird oder ob sie raus kommen wird. Sie hatte seit wir hier in Howth wohnen, wieder angefangen regelmäßig zu trinken. Nachts ist sie ausgegangen, hat sich volllaufen lassen und tagsüber ihren Rausch ausgeschlafen, um abends wieder trinken zu können." Ich lachte kurz enttäuscht auf.

"Sie hatte nicht mal mitbekommen, dass ihre Tochter bald gestorben wäre."
"Wer?", fragte Neill geschockt. Ich sah den Blonden in seine weit aufgerissenen blauen Augen. "Du?"
"Nein. Um Bailey war der Zustand sehr kritisch. Sie war in einem Auto, welches in einen Unfall verwickelt worden war und wäre fast an ihren Verletzungen gestorben ."
"Wann war das?"
"Damals, als wir uns auf dem Boot getroffen hatten."
Er nickte mit einem leichten Lächeln. "Wieso lächelst du?", wollte ich wissen.
"Ich dachte, du wärst damals vor mir geflüchtet.", gab er zu und fuhr sich durch die Haare. Verwirrt sah ich ihn an. "Quatsch! Warum hätte ich denn vor dir flüchten sollen?"
Er zuckte nichts wissend mit den Schultern. "Ja, keine Ahnung. Aber jetzt ist deine Mutter in einer Klinik auf Alkoholentzug?"
"Ja, bloß Bai weiß davon auch nichts und ich würde dich bitten wenn du..."
"Schon verstanden kein Wort zu meiner Prinzessin." Ich sah wie er überlegte und dann fortfuhr.
"Und jetzt ziehst du quasi Bai groß."
"Ich versuch mein Bestes für sie da zu sein. Grammy hilft so gut es geht im Haus und bei Bai mit, in der Zeit wo ich arbeiten bin. Jetzt wollen wir auch noch ein paar Zimmer renovieren, um Gäste aufzunehmen und so etwas dazu zuverdienen. Wobei das Ganze Alice Idee war."
"Ach, ihr nehmt noch keine Gäste auf?"
"Nein. Das mit dir war ein Versehen von Grammy."
"Habe ich ja Glück.", murmelte Neill vor sich hin. "Schafft ihr das denn?"
"Was?"
"Mit dem Renovieren und allem."
Ich atmete einmal tief durch, wenn ich an die ganze anliegende Arbeit dachte und ließ meinen Blick über den Parkplatz streifen.

"Muss irgendwie."
"Kann dein Freund euch nicht helfen?"
Meine Augen begannen erneut zu wässern, wenn ich an ihn dachte und schloss sie schnell.
"Seit ihr nicht mehr zusammen?", fragte Neill leise nach, als er meine Reaktion sah.

Neill POV:

"Doch schon.", antwortete sie.
Betreten ließ ich die Schultern hängen. War ja klar, dass ich dann doch nicht so viel Glück hatte.
"Aber?"
"Er ist für vier Wochen in London. Abgesehen davon läuft es gerade nicht so gut."
"Kann ich sehen!", gab ich etwas giftiger zurück als gewollt. "Wenn er teilweise mit der Grund ist, warum du weinst."
Am liebsten würde ich mir den Kerl jetzt gleich schnappen und ihm ordentlich die Leviten lesen, dass er es sich wagte May in diesem Zustand allein hier zurück zu lassen oder auch dafür, dass sie überhaupt seine Freundin war. Denn sie war *mein* Mädchen!
"Was macht er in London?"
"Weiß ich nicht. Es kam plötzlich und nach einem Streit hat er gesagt er geht."
"Habt ihr seitdem wieder miteinander gesprochen?"
"Nein, nur geschrieben."
"Hey, lass den Kopf nicht hängen."
"Wenn du wüsstest. Ich habe das Gefühl, ich schaffe das alles nicht und mache nichts gut genug."
"Weißt du was?"
Fragend richtete sie ihre Augen auf mich. Ich griff nach ihrer Hand und zog sie vom Auto weg.
"Ich bin jetzt für dich da und wir beide packen das an."

"Danke Neill, dass ist lieb, aber-"
"Ah, das ist schon der erste Fehler! Lass dir helfen. Du musst nicht alles alleine schaffen und das kann auch niemand. Du musst wohl deinen Stolz herunter schlucken.", lächelnd drehte ich mich um und lief zum Eingang des Baumarktes. Ich hörte wie hinter mir May nach Luft schnappte.
"Ich bin nicht stolz!", widersprach sie und lief vor mir rückwärts, die Hände in die Hüfte gestemmt.
"Schon ein kleines bisschen."
"Gar nicht war!"
Ich lachte und sie musste auch lächeln. "Du bist gemein. Ich geh den Einkaufswagen holen."
Wenigstens wusste ich jetzt, dass ihr Lächeln noch da ist. Ich würde ihr versuchen zu helfen wo ich konnte und vielleicht so irgendwie wieder einen Platz in ihrem Herzen zu erhalten und ihre Lebensfreude zurück zu holen.

Kapitel 27 – Momente

Mailey POV:

Neill half mir die eingekauften Materialien in die Garage zu stellen, als schon Bailey gefolgt von Grammy um die Ecke geflitzt kam.
"Neill!", rief sie und lief ihm in die Arme.
"Sie hat schon ganze Zeit am Fenster gehockt und nach dir Ausschau gehalten.", erklärte Grammy.
Neill hatte meine kleine Schwester auf den Arm genommen und drehte sich zu mir. "Willst du May nicht auch 'Hallo' sagen?"
Verneinend schüttelte sie den Kopf. "Wieso nicht?"
"Sie habe ich doch immer."
Ein wenig enttäuscht, zwang ich mich zu einem Lächeln ab und nahm die Einkaufstüte in die Hand.
"Aber sie freut sich bestimmt auch, wenn du ihr einen Kuss gibst.", flüsterte Neill ihr leise ins Ohr.
"Ich mag aber nicht und außerdem schlafe ich heute Abend eh bei ihr."
"Und was machst du, wenn ich heute Nacht bei ihr schlafe?", scherzte Neill und brachte mich unbewusst zum grinsen.
"Nein, dass darf nur Nate!", erwiderte Bai. "Kommst du jetzt spielen?"
Ich sah von dem Kofferraum auf. "Bai-", fing ich an, doch Neill unterbrach mich.
"Hi ist schon gut."
Sie sollte Neill nicht immer so unter Druck setzen und drängeln.
"Nein ist es nicht!", widersprach ich als Neill auf mich zukam.
Bailey hatte er wieder auf dem Boden abgesetzt und sie war ins Haus gehüpft, nachdem er ihr versprechen musste, dass er gleich zum Spielen kommen würde.

"Was hatten wir uns erst unterhalten?", hakte Neill mit leiserer Stimme nach.
"Ich soll nicht so streng sein.", wiederholte ich die Worte aus unserem Gespräch.
"Gar nicht schwer!", bemerkte er frech grinsend und ich steckte ihm kurzzeitig die Zunge raus, weswegen er mir belustigt in die Seite kniff.
"Hör auf!
"Wieso, bist du da kitzlig?"
"Nein, aber ich erschrecke mich immer."
"Gut zu wissen."

Ich packte mit Grammy den Einkauf in die Küche und Neill rannte die Treppen nach oben, um in Baileys Zimmer zum Spielen zu gehen.
"Ich mag ihn.", sagte Grammy aus der Stille heraus, während sie die Zwiebeln fürs Mittagessen schälte.
"Da ist schön." '*Ich ihn auch.',* ergänzte ich in Gedanken.
"Ich glaube es ist gut, dass er hier ist."
"Warum?", fragend sah ich die alte Person an. Sie legte nachdenklich die Zwiebel auf den Tisch ab. "Weil er dir gut tut."
"Woher willst du das denn wissen?", meinte ich leicht zickig.
"Ich weiß nicht was er zu dir beim Einkaufen gesagt hat, aber ich habe das Gefühl meine alte Mailey ist wieder ein bisschen da und ihr Kampfgeist."
Ich wischte mit meinen Handrücken kurz über meine Wangen. Meine Emotionen waren seit dem Gespräch mit Neill aufgekocht und hatten sich noch immer nicht wirklich beruhigt. Die Tränen sammelten sich in meinen Augen.
"Ich geh mal kurz nach draußen." Auf der Stelle drehte ich mich um und verließ weinend das Haus.

Neill POV:

"Ich habe schon alles raus gelegt zum Spielen.", klärte mich Bailey auf.
"Super.", lachte ich und setzte mich im Schneidersitz vor sie. "Was spielen wir denn?"
"Du bist der Junge und ich bin das Mädchen.", fing sie an und drückte mir eine Barbiepuppe in die Hand.
"Aber das ist ein Mädchen.", sagte ich. Traurig sah Bai kurz auf die Barbie. "Ich weiß. Ich habe ihr schon die Haare abgeschnitten, damit sie wie ein Junge aussieht und du musst ja auch nur so tun."
Ich lächelte. Tja die Haare waren bei der Barbie wirklich sehr kurz, aber die Brüste und den heraus stechenden Hintern konnte Bai nicht verstecken, damit ihr Mann auch wirklich männlich rüber kam.
"Warum kauft dir May denn nicht ein Barbiemann?"
Die Kleine kämmte gerade ihrer Puppe die lange blonden Haare, welche mich sofort an May erinnerten. "May braucht das Geld für anderes und ich habe ja einen Mann."
Ich nickte verstehend und stieg dann in Bais Spiel mit ein. Das Prinzip war einfach: sie war das Mädchen und ich musste sagen, wie schön sie war und arbeiten gehen, während ihre Puppe die Fantasiewohnung aufräumte.
"Essen ist fertig!", hörten wir Grammy rufen.
"Na los, wir räumen auf.", sagte ich zu Bai.
"Ich mag dich Neill.", grinste sie mich an.
"Wieso?", wolle ich wissen.
"Du bist nett und machst Spaß und magst Mailey."
Ich lachte auf. "Deine Schwester mögen auch noch andere."
Verneinend begann Bai mit dem Kopf zu schütteln. "Wie jetzt?"
Verwirrt hockte ich mich vor sie. "Deine Grammy mag May, du magst May, ich mag May und Nate mag May."
"Nein!"
"Was nein?"

"Nate mag May nicht!"
"Wie kommst du darauf?"
"Wenn er da ist, wird sie immer traurig." Jetzt wurde es für mich interessant.
"Wieso?"
"Weiß ich nicht." Klar woher auch, sie war ein kleines Mädchen und konnte die Gespräche nicht verstehen. "Er sagt immer so etwas wie Mailey ist nicht gut genug und dann ist sie danach traurig."
"Magst du Nate denn?"
"Nein. Er mag mich glaube auch nicht, weil ich noch so klein bin."
"Aber du bist meine kleine Prinzessin und die muss man einfach mögen!", spielerisch stupste ich ihr gegen die Nase worauf sie zu kichern begann und verlegen nach unten schaute. Ich fand es niedlich, dass sie so verschüchtert auf mich reagierte.
"Aber nun komm."

Wir betraten beide die Küche, in der Grammy gerade dabei war die Teller raus zustellen.
"Wo ist Mailey Mrs. Bennett?"
"Grammy auch für dich."
"Okay danke." Ihr noch eben leicht lächelnder Gesichtsausdruck wurde ernster. Skeptisch zog ich eine Augenbraue hoch.
"Neill hilfst du mir?", fragte Bai und versuchte auf den Stuhl zu klettern. Ich griff unter ihren Hintern und schob sie leicht darauf, sodass sie auf der Sitzfläche richtig Platz hatte.
"Nach draußen.", antwortete die alte Dame.
"Warum?", hakte ich nach. Ihr Blick glitt von einem Augenblick zu Bai und dann zurück zu mir.
"Ihr ging es nicht so gut."
Ich weiß nicht warum, aber ich mein Bauchgefühl sagte mir, dass Grammy nicht unwohl sein in körperlicher Art meinte. "Wo kann ich sie finden?"

"Ich würde meinen, sie kann draußen auf der Seebrücke sein oder bei den Klippen."

Ich ging schnellen Schrittes in den Flur und schnappte meine Jacke, eh ich die Haustür hinter mir schloss. Der Weg zum Strand war ausgeschildert, deswegen hatte ich keine großen Probleme diesen zu finden. Meine Sorge war nur, dass May zu den Klippen gegangen war und da wusste ich nun wirklich nicht, wo sie sich befinden. Als ich den Sand erblickte begann ich zu joggen. Der Asphalt hatte ich schnell hinter mir gelassen und es dauerte nicht lang, da konnte ich den Sand unter mir spüren.
Ich ließ meinen Blick über den Strand streifen und sah in paar Meter Entfernung die Seebrücke. Erleichtert atmete ich auf, als ich Mays Figur gegen das Sonnenlicht erkannte.
Ich hörte wie die Wellen immer wieder gegen die Pfosten der Seebrücke schlugen oder daran zerbrachen. Der Wind wehte hier auch um einiges mehr und die Sonne ließ das dunkelblaue Meer glitzern.
Ich hatte May erreicht und stellte mich leise neben sie. Ihr Blick war auf das endlose Meer gerichtet. Ihre langen dunkelblonden Haare wehten im Wind und auf ihren Wangen konnte ich nasse Spuren der Tränen entdecken, als ich sie von der Seite ansah.
"Hey, was ist los?"
"Nichts.", erwiderte sie erschöpft. Mailey stützte sich auf der Reling ab und und beugte sich weit nach unten. Aus Angst schlang ich schnell meine Arme beschützerisch um ihren Körper und zog sie etwas zurück. Fragend sah sie mich mit zurückgedrehten Kopf an.
"Was machst du?"
"Dich festhalten.", antwortete ich und verstärkte automatisch meinen Griff um sie.
Ich konnte ihr lachen durch das Vibrieren ihres Körpers an meiner Brust fühlen.
"Dachtest du, ich will mich da runter fallen lassen?"

"Ja."
"Niemals. Ich habe Angst vorm Meer.", erklärte sie.
"Wieso das?"
"Weiß ich nicht. Ich finde es furchteinfößend und außerdem kann ich nicht schwimmen."
Nachdem sie das gesagt hatte, standen wir beide still und ließen den Wind um uns pfeifen und schauten auf das Meer. Da Mailey sich nicht beschwerte wie ich sie festhielt, dachte ich auch nicht daran mich von ihr zu lösen. Ich legte meinen Kopf auf ihren und inhalierte ihren Duft.
"Bai sagt, du bist oft traurig wegen Nate.", flüsterte ich leise.
"Ach, sagt sie das?"
"Du widersprichst nicht?", bemerkte ich.
"Neill?"
"Hm?"
"Kann ich dich was fragen?"
"Alles."
"Ich weiß du kennst mich jetzt nicht so gut, aber magst du mich?"
"Klar."
"Das kam zu schnell!", widersprach sie. "Du sollst ehrlich darüber nachdenken."
Wenn ich drüber nachdenke May, merke ich, dass ich mich von Sekunde zu Sekunde mehr in dich verliebe und dabei realisiere, dass ich keine Chance habe.
"Und? Magst du mich?"
Nein! Ich bin verliebt in dich.
"Ja, ich mag dich May."
"Was an mir?"
Wenn ich jetzt anfange alles aufzuzählen werde ich bis morgen nicht fertig!
"Alles."
Sie stieß ihren Ellbogen leicht nach hinten, sodass es meinen Bauch traf und ich kurz zusammen zuckte.

"Was genau?", hakte sie erneut nach und lehnte sich gegen meinen Oberkörper.
"Deine Art wie du lachst, wie deine Augen dabei strahlen. Deine Liebe zu deiner Schwester und wie sehr du dich um sie sorgst. Deinen Kampfgeist Dinge in die Hand zu nehmen und zu kämpfen. Das du freigiebig bist und nicht darauf schaust, was du selber davon hast, sondern dich aufopferst und noch vieles mehr."
Sie war kurz still, eh sie ein leises "Danke" murmelte.
"Was macht Nate, dass du traurig wirst, wie Bai sagt."
Sie schmiegte ihren Kopf noch mehr gegen meine Brust und atmete einmal laut auf.
"Er meckert manchmal an mir rum, wie ich mich verhalte oder so. Auch, das ich mir Strähnchen machen lasse habe, hat ihm nicht sonderlich gefallen. Es sind halt Kleinigkeiten."
In meinem Bauch staute sich so langsam eine Menge Wut gegenüber diesem Typen.
"Wann kommt er von London wieder?"
"In dreieinhalb Wochen."
"Gut."
"Wieso?"
May drehte sich in meiner Umarmung um und sah mir verwundert in die Augen.
"Weil das dann ab jetzt unser Sommer wird."
Ihre Mundwinkel zogen sich langsam zu einem Lächeln nach oben.
"Wie jetzt?"
Ich löste meine Umarmung und trat einen Schritt nach hinten, um sie richtig ansehen zu können.
"Ich mache das so, dass wenn ich kein Konzert habe, zu dir komme und wir gemeinsam den Sommer genießen. Ich meine ab und zu werde ich mal was mit einen Eltern machen, aber ansonsten werde ich bei dir sein und dir zeigen was Spaß im Leben heißt."
Sie rollte mit ihren grau-blauen Augen, aber das Lächeln verschwand nicht von ihrem Gesicht. Es war so ein typisches Lächeln, was mein Herz warm werden ließ.

"Ich weiß was Spaß heißt."
"Garantiert nicht!", widersprach ich.
"Doch!"
"Nein!", rief ich und rannte ein paar Schritte zurück. Als ich mich umdrehte, sah ich das sie mir lachend hinterher lief. Fast am Ende der Seebrücke blieb ich stehen und blickte ihr entgegen.
"Doch!", brachte sie völlig außer Atem raus.
"Nein und ich bewerbe mich nun offiziell als ein Freund von dir."
"Neill, du bist ein Superstar!", erinnerte sie mich.
"War klar, dass das kommt."
Entschuldigend hob sie die Hände und grinste. "Nur die Wahrheit."
"Tja, aber da du schon einen Freund hast und ich diese Rolle leider nicht mehr bekommen kann, werde ich alles daran setzten den Sommer über zu deinem besten Freund zu werden."
"Du bist verrückt!", sagte sie lachend und wandte sich zum gehen.
Nein May, nur verliebt!

Kapitel 28 – Jungs

Neill POV:

"Hat es dir geschmeckt?", fragte mich meine Mum. Dankend nickte ich und hob den Löffel, um Fynn weiter zu füttern. Ich hatte mich entschieden nach dem gemeinsamen Vormittag mit May wie versprochen zu meinen Eltern zu fahren.
"Und du musst heute Abend wirklich wieder auf Tour?"
Ich lachte. "Ich bin die ganze Zeit auf Tour Dad. Nur habe ich zwischen durch eben mal ein bisschen frei und kann entspannen."
"Ist die Unterkunft denn gut?", fragte mich meine Oma.
"Äh...", stotterte ich. "Also die Leute sind ganz nett, aber das Haus ist schon etwas renovierungsbedürftig. Ich habe auch vor, dort ein bisschen mit zu helfen."
"Wieso das? Du wohnst doch da nicht.", beschwerte sich meine Mutter und trank einen Schluck von ihrem Glas.
"Mum! Dort lebt May, Bailey und ihre Grammy ganz allein. Wer soll denn da bitte schön mal was machen?"
Der ganze Raum war in Schweigen gehüllt und die Blicke auf meine Mutter gerichtet, als mein Vater das Wort ergriff.
"Du kannst doch stolz auf ihn sein Grace, dass er so hilfsbereit ist. Aber wer ist May?"
"Eine Freundin.", sagte ich nur.
"Ah!", riss mich Fynn aus den Gedanken, als er mit dem Zeigefinger gegen meinen Arm pikste, damit ich ihm den gefüllten Löffel endlich in den Mund steckte.
"Du hast ja recht!", gab sie schließlich zu. "Ich bin stolz auf dich. Nur ich habe dich schon kaum und wenn ich dich dann noch teilen muss..."
"Aber wenn ich mich recht erinnere Mum, bist du diejenige, die

sich eine Freundin für Neill wünscht und ich glaube mit der müsstest du ihn alle Male teilen.", konterte Connor.
Lachend schlug ich mich mit ihm ab.

Den Nachmittag verbrachten wir damit im Garten Kindheitserinnerungen auszutauschen, wobei meine Eltern auch so freundlich waren, die peinlichen Ereignisse nicht außen vor zu lassen. Während sie erzählten, spielte ich mit Fynn im Sandkasten mit seinem Bagger.
Gegen späten Abend wurde es dann wieder einmal Zeit für mich meine Sachen zusammen zu packen und zurück zum nächsten Konzertort zu fahren.

"Sag mal was soll das?", begrüßte mich Edward in einem scharfen Ton. Überrascht wich ich zwei Schritte zurück.
"Dir auch einen schönen Abend.", bemerkte ich und griff nach meiner Tasche.
"Du kannst doch nicht einfach so etwas nichts sagendes in unsere Gruppe schreiben und dann nicht mehr darauf antworten!", warf er mir vor. Ich schmiss meine Tasche in hohem Bogen auf mein Bett im Tourbus und drehte mich zu ihm um.
"Ich hatte eben zu tun."
"Ach und mit was?"
"Meine Güte, du hörst dich an wie ein kleines Mädchen! Ich erzähle es, wenn die anderen auch da sind."
"War ja klar." Frustriert ließ der Lockenkopf sich rückwärts auf die Couch fallen, während ich ihm grinsend dabei zu sah.
"Hey was geht?", rief Lewis, sobald er einen Schritt in den Bus gesetzt hatte.
Gleich darauf erschienen auch James und Zack im Türrahmen.
"Also schieße jetzt mal los!", drängelte Edward erneut.
"Ich habe May getroffen.", erzählte ich als alle Augen auf mich gerichtet waren.
"Was?", fragten James und Lewis synchron nach.

"Meine Mum und die anderen aus meiner Familie dachten, dass ich an den freien Tagen mehr Ruhe hätte, wenn ich nicht zu Hause schlafe. Ihr wisst schon wegen den Fans und so. Und meine Oma war so freundlich eine ältere Dame zu bitten, mir ein Bett zur Verfügung zu stellen und die ältere Dame ist ausgerechnet Mays Oma."
"Ist ja cool!", freute sich Zack und klatschte begeistert in die Hände.
"Glaub mir das erste Mal, als ich sie gesehen habe, war ich leicht geschockt."
"Das glaube ich dir gerne. Ich meine du denkst ja in dem Augenblick nicht dran und dann steht sie so lebensnah vor dir. Ich finde es witzig.", sagte Edward.
"Na ja."
"Und wie kommt ihr beide klar?", wollte James wissen.
Ich holte einmal tief Luft bevor ich antwortete. "Es geht. Ich arbeite daran. Ihr geht es ziemlich schlecht, was ich jetzt so bemerkt habe und auch was mir Bailey erzählt hat. Die ist übrigens groß geworden und ein echtes Püppchen."
"Bring sie doch mal mit.", kam Zack die Idee.
"Wohin?"
"Na hier her."
"Und was sollen sie hier?"
"Ich kann mir schon vorstellen, dass das Bailey gefallen würde und May garantiert erst recht, weil du da bist."
Ich lachte kurz auf.
"Schön wäre es, aber sie ist nicht verliebt in mich oder so. Außerdem ist sie auch extrem zurück haltend, obwohl ich sie gar nicht so in Erinnerung habe."
"Ist sie denn noch mit dem Typen zusammen?"
"Ja und er hat sie allein gelassen mit der ganzen Arbeit, weil er weg musste. Bailey hat mir auch erzählt, dass er May öfters kritisiert."
"Na dann ist es kein Wunder, dass sie so zurückhaltend ist. Wenn

du ständig kritisiert wirst, verschließt du dich doch auch automatisch, weil man nichts falsches machen will."
"Und jetzt versuche ich in der freien Zeit ihr ein bisschen zu helfen.", fuhr ich fort.
"Hey, wenn du mal Hilfe beim Arbeiten brauchst, kannst auch ruhig Bescheid sagen. Dann gehen wir zu ihr helfen, statt ins Fitnessstudio."
"Danke."
"Alle eingetroffen?", unterbrach uns John.
"Ja, alle anwesend."
"Dann geht es jetzt los."
Und nicht lange danach startete der Bus auch schon.
"Wie habe ich das vermisst abends hier im Bus zu schlafen!", stänkerte Lewis.
"Ach hör auf. Es gibt durchaus unbequemere Betten!", widersprach ich ihm.

Den Abend quatschten James, Zack und ich noch eine Weile. Edward und Lewis waren zu müde gewesen und hatten sich schon ein jeder in sein Bett gelegt.

"Ablaufplan für heute!", informierte uns John, als ich gerade noch verschlafen am Frühstückstisch Platz nahm.
"Reich mir mal bitte die Butter.", sagte ich an Edward gewandt.
"Danke."
"Ihr frühstückt noch in Ruhe zu Ende, dann kommt ihr bitte raus. Die Arena hier hat einen neuen Tontechniker und der würde gerne einmal Stellprobe bei euch machen."
"Hatten wir nicht schon einen Tontechniker?"
"Ja schon, aber der fällt jetzt vorläufig die nächsten Wochen erst einmal aus."
"Was hat er denn?", wollte Lewis mit vollem Mund wissen.
"Die Grippe mit hohem Fieber."
"Oh. Na dann gute Besserung."

"Ich hatte mir die Arena in Belfast hier schöner vorgestellt.", murmelte ich vor mich hin und sah mich um. Die Fans waren schon eingetroffen und kreischten, kaum das wir aus dem Bus traten. Freundlich winkend liefen wir in die Arena.
"So hier die Bühne wie an gewohnter Stelle. Das Einzige was ein bisschen anders sein wird, werden die Lichter sein. Der Tontechniker kommt gleich. Ich muss nochmal weg und mit der Verwaltung etwas bezüglich der Kosten absprechen. Ihr wartet einfach hier!", gab John uns die Anweisung. Nachdem wir teils registrierend, teils bejahend mit dem Kopf genickt hatten, machte er sich auf den Weg.
Wir waren gerade richtig schön am rum albern und Beatboxen, als eine Stimme uns unterbrach: "Seid ihr Soulpainters?"
"Nein, wir sind Neill und die Potatoes.", grinste Lewis ihn an.
Ich drehte mich um und erblickte einen großen Jungen mit schwarzen Haaren vor mir. Seine grünen Augen musterten uns auffällig.
"Hast du uns noch nie gesehen?", fragte Lewis belustigt.
"Doch schon, aber nie in real. Keine Ahnung wie ihr es nennen wollt. Also ich würde gerne noch einmal vor Beginn eine Stellprobe mit euch machen. Darüber hat John euch bestimmt schon informiert. Ich bin noch sehr neu in dem Job und will da auf Nummer sicher gehen."
"Okay und du bist?", wollte ich wissen und hielt im meine Hand hin.
"Nate."
"Neill. Schön dich kennen zu lernen."

Kapitel 29 – Hör auf dein Herz

Neill POV:

Überrascht sah ich den Jungen vor mir an.
"Nate?", wiederholte seinen Namen fragend.
"Ja, warum?"
Ich schüttelte meinen Kopf und winkte ab. "Nichts."
Verwirrt zog James ebenfalls eine Augenbraue nach oben und beobachtete mich kritisch.
"Was?", hakte ich bei ihm nach.
"Sag du es mir."
"Doch eine Frage hätte ich noch.", wandte ich mich zu Nate um.
"Hast du eine Freundin?"
"Was soll die Frage denn?", wollte Lewis belustigt wissen.
"Nein, ich habe keine.", antworte der Schwarzhaarige.
"Sicher?"
"Ja."
"Na gut. Wollen wir jetzt proben?", klatschte Edward in die Hände und stand auf. Ich folgte ihnen auch und ließ dabei aber diesen Nate nicht aus den Augen. Meine Gedanken rasten ohne Ruh und ich hatte das Gefühl die Kontrolle darüber zu verlieren. Wieso war er hier? Ich hatte ihn sofort erkannt. Diese grünen Augen, welche ich bei May auf dem Foto gesehen hatten, hatten sich in mein Gedächtnis eingebrannt. May hatte doch erzählt, dass er in London sein sollte. Wieso als war er hier und leugnet sie zur Krönung noch?
"Kann ich helfen?", stieß mich Zack in die Seite. Ich kam aus dem Schritt, durch den unerwarteten Zusammenstoß.
"Bin ich so leicht zu durchschauen?"
"Keine Ahnung. Ich habe eben gelernt dich zu lesen." Lachend sah ich ihn an. "Deswegen war aber trotzdem meine Frage ernst."

"Mir spuken nur so einige Fragen durch den Kopf."
"Erzähl."
"Das ist Nate."
"Ich weiß, er hat sich doch vorgestellt."
"Nein, ich meine DER Nate. Das ist Mays Freund."
"Kann nicht sein. Der hat gesagt er hat keine Freundin.", erinnerte mich Zack.
"Ich weiß. Das wundert mich ja eben so sehr."
"Bist du dir sicher?"
Ich rollte kurz mit den Augen. "Hundert Prozentig. Der Typ hat mir beim Schlafen zugeschaut. Mailey hat ein Bild von ihm und ihr an ihrer Fotocollage."
Zack begann zu lachen. "War irgendwie klar, dass du rum schnüffelst."
"Hey, ich habe nicht rum geschnüffelt. Sie hat ihn an der Wand hängen und ich schlafe bei ihr."
Ich wollte weiter gehen und drehte mich verwundert um, als ich bemerkte das Zack mir nicht folgte.
"Was?"
"Du schläfst bei ihr?!"
Es dauerte paar Minuten eh es bei mir klickte. "In ihrem Zimmer. Sie schläft bei Bailey im Zimmer."
"Wie schade, nicht?!", grinste dieser ironisch und rannte auf die Bühne. Kopfschüttelnd stieg ich auch hinauf.
"Also nimm du mal das Mikro.", mit diesen Worten drückte mir Nate das Mikro in die Arme. Innerlich biss ich mir auf die Zähne um nicht auf ihn loszugehen. Er hatte so eine grobe, forsche Art, die ich sofort unsympathisch fand. Okay, wahrscheinlich auch weil ich einige Hintergrundinformationen hatte, welche den anderen fehlten.
"Und jetzt singt einfach mal 'Secret Kiss' an." Ich stöhnte auf und erntete erneut komische Blicke. Ich kann doch auch nichts dafür das er mich so an piept!

Mailey POV:

"Hat Nate sich schon bei dir gemeldet?", fragte Grammy.
"Nein."
"Ich würde ja den jungen Mann der bei uns schläft viel besser finden. Ich habe das Gefühl er ist dein fehlendes Puzzlestück."
Mit einem Stirnrunzeln sah ich Grammy an. "Dein Ernst? Das war gerade richtig kitschig!", lachte ich.
"Genau das mein ich.", erwiderte sie mit schief gelegten Kopf und einem Lächeln im Gesicht.
"Die paar Stunden mit ihm zusammen und du kannst wieder lachen. Mailey er bringt dir das, was du brauchst und was dir fehlt. Das wird dir Nate niemals geben können."
"Mag vielleicht sein, dass du recht hast.", gab ich zu. "Aber ich liebe Nate und da kann nicht Neill kommen und ich vergesse Nate."
"Aber Nate hat keinen guten Einfluss auf dich, auch wenn er gut aussieht."
"Aber ich kann nicht gegen mein Herz ankämpfen."
Für ein paar Momente herrschte Stille zwischen uns. "Ich kann dich verstehen. Mir ging es damals mit deinem Großvater auch nicht anders."
Interessiert rutschte ich auf der Couch weiter nach hinten, winkelte meine Beine an und legte meinen Kopf auf ihnen ab.
"Erzähle mir mehr!", bat ich sie.
Grammy griff nach ihrer Kaffeetasse, nahm einen Schluck und nickte zustimmend: "Ich war jung, sehr jung. Meine Mutter war eine strenge Frau und ich ein Wildfang. Ihr lag sehr viel an Benehmen und an sehr guten schulischen Leistungen. Doch ich sprühte vor Energie und hatte natürlich alles andere im Kopf als zu lernen oder mich zu benehmen. Und wie es typischer nicht geht, kam dein Großvater in unsere Stadt. Er sah sehr gut aus.", schwärmte sie. An der Erinnerung an ihn schlich sich ein Lächeln auf sein Gesicht.

"Und?", fragte ich neugierig.
"Meine Mutter lernte ihn bei einem Schulfest auch kennen und was soll ich sagen? Sie konnte ihn nicht ausstehen. Er beinhaltete für sie jedes Detail eines schlechten Jungen: freche Sprache, zerissene Sachen, seine Gangart. Sie fand an allem etwas zum nörgeln. Doch gerade das Verbotene, nenne ich es mal, reizte mich an ihm und so kam es, dass ich mich häufig abends mit ihm traf."
In den Erinnerungen schwelgend legte sie ihren Kopf leicht nach hinten, bis sie kurz auflachte, was mich ebenfalls zum Schmunzeln brachte. "Du hättest ihr Gesicht sehen müssen, als ich ihr erzählt hatte, dass ich mit ihm zusammen bin. Es war einmalig."
Grammy stellte ihre Tasse auf dem Tisch ab und faltete ihre Hände, bevor sie mich ansah. "Mailey was ich damit sagen will: ich will nur dein Bestes. Ich sehe Sachen wahrscheinlich objektiver als du, wie damals meine Mutter sehen konnte, dass es mit deinem Großvater nicht immer leicht werden würde, worin sie ja auch recht behielt. Aber im Endeffekt kannst du nur glücklich werden, wenn du auf dein Herz hörst, unabhängig davon was ich dir rate. Klar, wenn man auf den Rat von anderen hört, hat man es wahrscheinlich manchmal sehr viel leichter, aber ob das das Gefühl von wahrem Glück ersetzen kann, kannst nur du dir beantworten."
Nachdenklich nickte ich.
"Vielleicht sollten wir ja jetzt schlafen gehen."
Grammy gab mir einen Kuss auf die Stirn und lief nach oben in ihr Zimmer.

In Gedanken versunken malte ich mit meinem Zeigefinger den Rand meiner Tasse nach, als mein Handy vibrierte.
Lächelnd wischte ich über das Display und nahm den Anruf entgegen.
"Hi.", grüßte mich Alice. "Du hast gesagt ich soll anrufen?"
"Richtig. Hey übrigens."
"Also was gibt es? Schieß los."

"Es geht um Nate und Neill."
"Ui, Neill klingt gut.", hörte ich sie grinsen.
"Er ist bei mir."
"Was?! Wie jetzt?"
"Grammy hat das eine Zimmer an ihn vermietet."
"Wir reden hier von Neill? Neill Adams? Der blonde Typ aus der Band? Nicht irgendwie vielleicht von deinem Nachbar?"
Lachend antwortete ich ihr. "Ja, Neill von Soulpainters."
Die nächsten Worte von Alice konnte ich nicht verstehen, da alles durch ihr hohes Quieken zu unverständlichen Lauten mutierte und ich das Handy für einen Moment vom Ohr entfernt hielt.
"Beruhige dich."
"Bitte, bitte, bitte sag mir das du dich von Nate getrennt hast und mit ihm zusammen bist! Bitte!", bettelte sie.
"Alice! Nein, ich liebe Nate. Warum sollte ich mich von ihm wegen Neill trennen?"
"Du willst jetzt nicht wirklich, dass ich alle Gründe aufzähle oder?"
"Nein."
"Gut."
Ich telefonierte mit Alice noch eine gute Stunde. Dabei berichtete ich, wie es dazu gekommen war, dass Neill bei uns schlief, wie es mit Nate lief und auch was das Haus machte. Zum Schluss meinte Alice noch ich sollte doch mal wirklich über Grammys Worte nachdenken.
Nachdem ich aufgelegt hatte, stellte ich fest, dass einfacher als gesagt war und mein Handydisplay leuchtete erneut auf: "**Schlaf gut:) Zzzzz...ich freu mich, wenn ich dich wieder sehen kann. Neill ,>**"
Als meine Augen seine Nachricht lasen, musste ich lächeln. Er hatte an mich gedacht und Nate hatte sich immer noch nicht gemeldet.

Kapitel 30 – Beginn des Sommers

Neill POV:

Fröhlich packte ich meine Sachen zusammen.
"Wieso so fröhlich?", fragte mich James.
"Es geht doch nach Hause!", stieß Edward frech zwinkernd mir in die Seite.
"Ah, jetzt versteh ich es.", meinte James wissend.
"Was ist denn zu Hause?", fragte Nate neugierig. Außer Zack wusste niemand von ihnen, dass Nate Mays Freund war.
"Nichts, was für dich wichtig wäre!", fauchte ich ihn an.
"Komm runter. Ich wollte nur Interesse zeigen.", erklärte sich der Schwarzhaarige. Meine Hände ballten sich zu Fäusten und ich zwang mich einmal tief ein- und auszuatmen, damit ich nicht auf ihn losging.
"Du solltest lieber Interesse zeigen an Menschen, zu denen du wirklich eine Verbindung hast und die es mehr als verdienen."
"Was meinst du?"
Ich trat einen Schritt nach vorn. "Denk mal scharf nach." Danach schulterte ich meine Tasche und verabschiedete mich von meinen Jungs.
Glücklich parkte ich mein Auto aus dem Parkhaus und trat auf das Gaspedal. Ich hatte mir während der letzten Tage etwas für Mailey ausgedacht. Somit lenkte ich mein Auto kurz vor Howth in einen Baumarkt ein.

"Neill!", konnte ich Baileys Stimme hören, kaum das ich mein Auto bei den Bennetts abgestellt hatte und ausgestiegen war.
Ich schloss die Autotür und ging in die Hocke, um das kleine Mädchen in die Arme zu schließen. Ihre Arme schlossen sich sofort um meinen Hals, als ich sie hochhob und auf die Hüfte

absetzte. Gemeinsam liefen wir zu May, welche uns lächelnd in der Haustür entgegen sah.
"Hi."
"Hi. Komm rein. Das Essen ist schon fertig für dich.", sagte sie. Zwinkernd sah ich zu Bai. "Was für ein Service."
Im Flur setzte ich Bai wieder auf den Boden ab und zog meine Jacke aus. "Neill!", freute sich Grammy und kam mir entgegen. Die alte Dame hatte noch ihre Kochschürze um den Körper gebunden.
"Hattest du eine gute Fahrt?", fragte sie mich.
"Danke kann nicht klagen."
"Bailey gehst du bitte deine Hände waschen.", rief May ihrer Schwester nach.
"Ja-ha!", schrie die Kleine zurück.
"Also was ist dein Plan die nächsten Tage?", fragte mich May und setzte sich mir gegenüber an Tisch. Für meine Begriffe war es viel zu weit weg.
"Andere Frage, bist du schon bisschen weiter gekommen mit der Renovierung des Gästezimmers?"
"Ein bisschen habe ich angefangen. Aber ich bin bei weitem noch nicht fertig."
"Gut, dann habe ich geplant dir da ein wenig zu helfen-"
"Neill, nein du hast-"
"Unterbrich mich nicht.", gab ich lächelnd zu verstehend.
"Machst du selber auch gerade.", widersprach sie mir und steckte mir für einen kurzen Augenblick die Zunge heraus.
"Das habe ich gesehen!", drohte ich ihr spielerisch und angsterfüllt riss sie ihre Augen auf. "Jetzt habe ich aber Angst.", neckte sie mich.
"Solltest du.", meinte ich und nahm einen Löffel von meinem Essen.
"Aber okay, weiter im Text.", forderte sie mich auf.
"Ich habe meine Hände gewaschen!", rief Bailey stolz und streckte ihrer Schwester diese entgegen, damit sie sie kontrollieren

konnte.
"Fein." Somit füllte May auch Bai ihren Teller.
"Willst du nichts?", fragte ich verwundert.
"Nein, ich habe keinen Hunger."
"Ach so."

Ich sah mich im Wohnzimmer um. "Stehst du auf alte Sachen?"
Irritiert hob sie ihren Kopf. "Wer ich?"
Bejahend nickte ich. "Wie kommst du darauf?"
"Wegen der alten Blume.", zeigte ich mit einer Kopfbewegung auf die vertrocknete Lilie im Schrank.
"Äh.", sie drehte sich um und sah ebenfalls die Blume an, bevor sie sagte: "Ja, mag ich."
"Von wem hast du die?"
"Geschenkt bekommen.", wich sie meiner Frage aus und erhob sich eilig von ihrem Stuhl um den Topf mit den Kartoffeln in die Küche zurück zu schaffen.
Fragend sah ich Bai an, die brav auf dem Stuhl neben mir ihr Essen aß. Als sie meinen Blick bemerkte, grinste sie mich frech an.
"Was?"
"Ich weiß von wem die ist.", flüsterte sie ganz leise. Ich beugte mich zu ihr herunter und fragte: "Sagst du es mir, wenn ich es für mich behalte?"
Überlegend neigte sie ihren Kopf etwas zur Seite, bevor sie zustimmend nickte. Gespannt hörte ich genau hin.
"Von einen Jungen, den sie sehr mag."
"Und wie heißt der Junge?"
Schulterzuckend antwortete sie mir: "Das weiß ich leider nicht, aber was ich weiß ist, dass der Junge damals die Blume liegen gelassen hat, als er bei uns war."
Stirnrunzelt blickte ich von Bai auf die Blume. Es war eine Lilie. Ich schob meinen Stuhl nach hinten und sah mir die Blume genauer an. Eine Lilie. Ich hatte ihr damals eine Lilie mitgebracht. Ich war auch damals unerwartet wieder gegangen. Aber warum

sollte sie meine Blume aufheben? Ich meine, vielleicht war es auch gar nicht meine, sondern eine von Nate.
"Von Nate ist sie aber nicht.", flüsterte Bai weiter. Okay dann eben nicht von Nate. "Der schenkt ihr immer nur Rosen. Daweile mag sie keine Rosen."
"Seid ihr fertig mit essen?", fragte Mailey in den Raum. Mit ihren Händen in den Hüften gestemmt, sah sie abwechselnd von mir zu Bai.
"Also ich habe fertig gegessen. Ganz brav.", neckte ich sie.
May rollte amüsiert mit den Augen. "Ich auch!", ergänzte Bai stolz. May nahm die Teller und räumte ab. Ich wollte ihr gerade folgen, als mich Bai am Handgelenk festhielt und aus ihren großen blau-grünen Augen ansah.
"Aber nichts May sagen." Verschwörerisch zwinkerte ich ihr zu.
"Versprochen."

"Also wo fangen wir an?", fragte ich Mailey als wir in dem Gästezimmer standen.
"Mit der rechten Seite?", schlug sie vor.
Die alte Tapete hatte sie schon mit der Hilfe von Grammy heruntergerissen und den Putz hatte ein Bekannter von ihnen angebracht. Nun wollten wir gemeinsam die Farbe an die Wand bringen.
"Und du willst zuerst die rechte Seite streichen?"
Kritisch begutachtete sie die Wände und nickte dann. "Okay hier.", damit drückte sie mir einen Pinsel in die Hand.
"Was soll ich damit?"
"Pinseln?!"
Damit griff sie selbst aber zu der Malerrolle. "Und wieso kriege ich das nicht?"
"Weil das nur für Profis ist.", grinste sie mich an. Wie sehr ich doch ihr Lachen liebte. Es wurde mir dabei immer automatisch warm ums Herz.
"Ganz wie du willst."

Während Bai mitsingend zu den Songs, die im Radio liefen durch den Raum tanzte, malerten Mailey und ich. Grammy war schon ins Bett gegangen. Es war zwar noch nicht spät, aber die alte Frau war erschöpft gewesen.
"Oh Bai mach mal lauter!", sagte May plötzlich. Bai befolgte den Wunsch und drehte am Radioknopf, um die Lautstärke zu erhöhen. Gespannt lauschte ich der Melodie.
"Was ist das für ein Lied?"
Mit dem Lied mitsummend drehte sich May um. "Das Lied heißt Photograph."
"Von Ed Sheeran?"
"Ja genau."
Überrascht sah sie mich an. "Der Sänger ist der absoluter Hammer und das Lied enthält so viele wahre Gedanken.", schwärmte sie.
"Das ist ihr Lieblingslied.", ergänzte Bai.
Neugierig lauschte ich dem Text.

"*Loving can hurt*
Loving can hurt sometimes
But it's the only thing
That I know
And when it gets hard
You know it can get hard sometimes
It is the only thing that makes us feel alive

We keep this love in a photograph
We make these memories for ourselves
Where our eyes are never closing
Hearts are never broken
And time's forever frozen still

So you can keep me
Inside the pocket
Of your ripped jeans
Holdin' me closer

Til our eyes meet
You won't ever be alone
Wait for me to come home

Loving can heal
Loving can mend your soul
And is the only thing
That I know (know)
I swear it will get easier
Remember that with every piece of ya
And it's the only thing we take with us when we die

We keep this love in a photograph
We make these memories for ourselves
Where our eyes are never closing
Our hearts were never broken
And times forever frozen still

So you can keep me
Inside the pocket
Of your ripped jeans
Holdin' me closer
Till our eyes meet
You won't ever be alone

And if you hurt me
Well that's ok baby only words bleed
Inside these pages you just hold me
And I won't ever let you go

Wait for me to come home
Wait for me to come home
Wait for me to come home
Wait for me to come home

Oh you can keep me
Inside the necklace you got when you were 16

Next to your heartbeat
Where I should be
Keep it deep within your soul

And if you hurt me
Well that's ok baby only words bleed
Inside these pages you just hold me
And I won't ever let you go

When I'm away
I will remember how you kissed me
Under the lamppost
Back on 6th street
Hearing you whisper through the phone
Wait for me to come home"

"Ist wirklich schön."
"Jip."
Verwundert über Maileys kurze Antwort sah ich sie an. "Was machst du?"
"Äh...ich versuch da ran zu kommen.", antwortete sie. Das dunkelblonde Mädchen streckte sich um die Decke zu erreichen. Lächelnd lief ich zu ihr herüber. "Die Leiter wackelt.", machte ich sie aufmerksam, da die Leiter auf der sie stand gewaltig hin und her schwankte.
"Komm lass mich mal machen."
"Nein."
Ich zog kurz meine Augenbrauen nach oben und hielt die Beine der Leiter fest.
"Finger weg: Ich kann das allein."
Mit den Worten "Du bist verrückt." ließ ich sie allein weiter machen.

Stunden später hatten wir endlich das Zimmer fertig.

Staunend sahen wir uns um. "Wir sind doch ganz gut, oder?" Lachend blickte ich zu ihr. Ihre grau-blauen Augen lachten mich verzückt an. "Wir sind sehr gut."
Grinsend machten wir ein High Five und umarmten uns anschließend begeistert über unseren Erfolg. Je länger ich ihren Körper an meinen gedrückt hielt, wünschte ich mir sie nie loslassen zu müssen.
Ich spürte, wie sie sich mithilfe ihrer Hände von meinem Körper langsam weg stieß. "Ich werde dann mal zu Bai ins Bett gehen."
Ihre kleine Schwester hatten wir schon vor ein paar Stunden ins Bett zum Schlafen geschafft.
"Mach das.", stimmte ich ihr zu.
"Dann gute Nacht.", verabschiedete sie sich von mir.
"Schlaf gut. Ach und May?"
Das Mädchen blieb im Türrahmen des frisch gestrichenen Gästezimmers stehen und sah mich erwartungsvoll an.
"Morgen habe ich was vor mit dir."
"Was denn?", hakte sie mit gewisser Neugierde nach.
"Lass dich überraschen."
Kopfschüttelnd aber mit einem Lächeln auf den Lippen ging sie schließlich auch ins Bett.

Kapitel 31 – Nate

Mailey POV:

"Einen wunderschönen guten Morgen!", begrüßte mich Neill mit einem breiten Grinsen im Gesicht. Verschlafen strich ich mir über meine Augen.
"Wie kann man nur zum frühen Morgen solch eine gute Laune haben?"
"Wenn ich dich sehe, steigt meine Laune automatisch.", erklärte er.
"Ha ha.", erwiderte ich mit einem gefakten Lächeln, als mein Handy klingelte. Ich griff nach meinem Smartphone und nahm den Anruf an.
"Hi."
"Hallo meine Süße.", begrüßte mich Nate.
"Nenn mich nicht so.", widersprach ich ihm.
"Ach komm schon."
"Du," ich unterbrach meinen Satz und sah zu Neill. Der Blonde sah mich gespannt an. Mit meinen Fingern gab ich ihm leise zu verstehen, dass ich mal nach draußen gehen würde. Ich trat aus der Küche hinaus in den Garten. Meine Strickjacke um meinen Körper wickelnd, sah ich der Morgensonne entgegen, während ich Nate am Telefon hatte.
"Du hast dich fast eine Woche nicht gemeldet."
"Ich weiß, hör zu, ich-"
"Nein Nate! Ich habe auf dich gewartet. Ich habe auf dich gewartet!", wiederholte ich meine Worte.
"Ja und es tut mir leid.", unterbrach er mich.
"Unterbrich mich nicht!", fauchte ich verärgert. Tränen sammelten sich in meinen Augen und ich rümpfte die Nase. "Ich habe eine ganze Woche lang gewartet, dass du dich mal meldest Nate! Eine

ganze Woche! Was ist daran so schwer mir mal eine Nachricht zu schreiben oder mal kurz durch zurufen? Sag es mir!"
Ich konnte ihn tief durchatmen hören. "Mailey du bist halt so anhänglich."
"Ich bin was?!", rief ich geschockt. "Ich bin ganz und gar nicht anhänglich, du hast nur kein Interesse an mir!"
"Mailey ich habe damals um dich gekämpft, als du hier her gezogen bist."
"Ich weiß Nate, aber irgendwas hat sich zwischen uns geschoben. Ich meine, ich habe dich geliebt oder besser gesagt liebe dich wahrscheinlich auch noch, doch ich leide mehr unter dieser Beziehung, als das ich glücklich bin. Verstehst du? Ich mache mir ständig Gedanken wie ich dir gefallen könnte oder versuche dich zu beeindrucken. Doch alles was du mir zurück gibst, sind böse Worte und Schuldgefühle."
"Wenn du dich so verändert hast."
Die Tränen begannen nun meine Wangen hinunter zu laufen.
"Genau das meine ich.", machte ich meinen Freund aufmerksam.
"Das stimmt gar nicht.", widersprach er.
"Ich habe viel nachgedacht Nate. Es tut mir leid. Aber mein Herz sagt mir ich geh kaputt, wenn ich das hier weiter mit dir mitmache."
"Mitmache?", rief er aufgebracht.
"Nate ich liebe dich, aber du anscheinend mich nicht mehr. Ich kann nicht mehr! Verstehst du das nicht? Ich kann nicht mehr! Ich bin am Ende. Ich habe verlernt ich selbst zu sein, dadurch das ich so fixiert darauf bin dir zu gefallen und das muss ich jetzt langsam begreifen, auch wenn es schwer ist."
"Warum machst du es dann?"
"Um mir selbst zu helfen. Die ganze Zeit habe mich selbst verleugnet und durch die Zeit, die wir jetzt getrennt waren ist es mir bewusst geworden."
"Ich habe soviel für dich gemacht Mailey, so viel! Ich bin damals in

das Krankenhaus gekommen und war bei dir als du mich brauchtest."
"Nate, das war einmal. Wie oft hast du mich versetzt, weil du besseres zu tun hattest oder weil du mich vergessen hast. Vergessen Nate! Ich bin deine Freundin, die vergisst man nicht so einfach."
Es war eine Weile Stille am Telefon. Die Sonne stand nun schon etwas über dem Meer und ließ es beeindruckend glitzern.
"Du hast einen anderen, oder?"
"Nein Nate. Da ist keiner. Es sind nur Freunde, die mich auf gewisse Verhältnisse aufmerksam gemacht haben. Und bei dir? Woher kam dein Desinteresse?"
Er schwieg eine Weile.
"Ich weiß es nicht. Ich wurde es leid, dass du nie Lust hattest, etwas mit mir zu unternehmen."
"Es tut mir leid.", entschuldigte ich mich leise. "Ich hatte einfach keine Kraft."
"Ich weiß, nur du hast mich gelangweilt und dann hast du dich eben verändert."
"Gehen wir in Frieden auseinander?"
"Du willst jetzt wirklich übers Telefon Schluss machen?", sagte er wieder aufgebracht. Erschrocken über seinen plötzlichen Stimmungswandel zuckte ich zusammen.
"Was willst du denn?"
"Dich jedenfalls nicht mehr!", fauchte er "Ach und für dich zur Info, ich bin auch nicht in London sondern in Belfast."
"Was? Wieso?"
"Weil ich keine Lust hatte, dass du über alles in meinem Leben Bescheid weißt."
"Warum?"
"Weil du dann noch mehr Nähe von mir erwartet hättest oder dergleichen."
"Nate das hätte ich nicht und tief im Innern weißt du das auch."
"Ich wollte einfach meine Freiheit haben. Ohne den Druck, das du

mal auf den Sprung vorbei kommen könntest und ich mich dann für irgendwas erklären müsste."
"Es tut mir leid Nate."
"Wenn du es so willst. Dann leb wohl."
Aufgelegt. Verwundert ob er nun wirklich das Gespräch so unerwartet beendet hatte, schaute ich auf das Display. Ihm lag wirklich nichts an mir. Und dieser Gedanke ließ mein Herz schmerzhaft zusammen ziehen. Um den Schmerz etwas erträglicher zu machen, drückte ich mit meiner Hand gegen meine Brust.
"Ist alles okay?", konnte ich Neills Stimme hören.

Neill POV:

Ich beobachtete May vom Terrassenfenster aus. Den Tee für sie hatte ich schon aufgesetzt und er musste nur noch etwas abkühlen. Ich wusste nicht wer am Telefon war, aber aufgrund der Art und Weise, wie sie im Garten stand und gestikulierte vermutete ich sehr stark das es Nate ist.
"Wer ist das?", fragte mich Grammy, als sie ihren Blick auch nach draußen richtete.
"Ich würde vermuten Nate ist am anderen Ende der Leitung."
"Wie ich diesen Kerl verabscheue.", murmelte sie und ging weg.
"Da sind wir schon zu zweit.", ergänzte ich.
Mailey telefonierte noch eine ganze Weile mit der anderen Person, bis sie das Handy vom Ohr nahm. Ich zog eine Augenbraue in die Höhe, als ich sah wie Mailey in die Hocke ging und ihre Hand gegen ihre Brust drückte.
Ich stieß die Terrassentür auf und lief hinaus.
"Ist alles okay?"
Ein einfaches Nicken von ihr, sollte die Antwort sein. Ich machte mich auf den Weg über das verwachsene Gras und hockte mich neben sie. Behutsam strich ich ihr über den Rücken.

"Sicher, dass alles okay ist?"
Sie blickte auf und ich konnte in ihre geröteten Augen sehen.
"War das Nate?", hakte ich nach.
"Ja."
"Was hat er gemacht?"
Sie stand aus der Hocke auf und ich tat es ihr gleich, meine Augen nicht von ihr abwendend.
"Er hat nichts gemacht.", antwortete sie ruhig.
"Bist du sicher?"
Sie lachte kurz auf und schenkte mir ein leichtes Lächeln.
"Ja ich bin mir sicher. Es ist alles gut zwischen uns."
"Okay, dann hast du ja jetzt Zeit."
"Kommt drauf an wofür.", erwiderte sie skeptisch.
"Du wirst mal meine Familie kennen lernen.", erklärte ich ihr.
Überrascht blieb sie stehen. "Ich soll was?"
"Meine Familie kennen lernen."
"Warum?", hakte sie nach.
Ich schmunzelte nur und ging wieder ins Haus. Es dauerte gar nicht lange und May hatte sich aus der Starre gelöst und rannte hinter her. "Jetzt gib mir bitte wenigstens eine vernünftige Erklärung!", bat sie. Fast hätte ich nachgegeben, bei dem Blick welchen sie mir schenkte, doch dann blieb ich stark und verneinte schlicht und einfach.
Beleidigt verschränkte sie ihre Arme vor der Brust. Als ich sie so mitten im Wohnzimmer stehen sah, musste ich lachen.
"Bailey kommt übrigens auch mit und pack dir Badesachen ein.", informierte ich sie noch, bevor ich hoch ins Zimmer ging um meine Sachen zu packen und alles für die spätere Überraschung vorzubereiten.

Kapitel 32 – Strandtag

Neill POV:

"So startklar?", fragte ich mit einem Blick nach hinten, wo Bailey in ihrem Kindersitz saß. May hatte sich neben mich auf den Beifahrersitz gesetzt und war immer noch bockig, weil ich ihr nicht sagen wollte, was die Überraschung war.
"Fertig!", rief Bai begeistert nach vorn.
"Na dann los.", grinste ich und fuhr den Wagen aus der Einfahrt.
"Warum willst du es mir denn nicht verraten?", fing sie wieder an.
Ich wandte meinen Blick kurz von der Straße und sah sie an. Ihre Stirn in Falten gelegt, schaute sie nachdenklich aus dem Fenster.
"Weil dann der Sinn des Wortes 'Überraschung' verloren gehen würde."
"Ich mag aber keine Überraschungen."
"Mailey, jeder mag Überraschungen.", widersprach ich ihr.
"Warum machst du das eigentlich?"
"Was machen? Etwas mit dir zu unternehmen?"
Bejahend nickte sie.
"Weil ich dich gern habe und dir eine Freude machen will."
"Nur gern haben?", hakte sie nach.
Ich biss mir auf meine Unterlippe, als ich schnell überlegte was ich antworten sollte.
"Bist du noch mit Nate zusammen?", stellte ich die Gegenfrage.
"Du sollst mir zuerst antworten!", protestierte sie. "Aber ja bin ich, warum?"
"Siehst du dann habe ich dich als beste Freundin gern und damit mehr als durchschnittlich. Falls das deine indirekte Frage war."
Als ich meinen Kopf zu ihr wandte, sahen wir uns für einen kurzen Augenblick in die Augen. Dann herrschte Ruhe.

Mailey POV:

Ich stützte meinen Arm an der Seite ab und ließ die Landschaft an mir vorüber ziehen. Bailey hatte hinten ein Buch auf ihrem Schoss liegen, welches sie sich anschaute, sodass sie nicht immer drängeln würde, wann wir da wären. Ich weiß, ich hatte Neill belogen über Nate und mich, aber auch wenn es andere nicht verstehen würden, es war Neill gegenüber nur fair gewesen. Die Antwort, die er mir indirekt gegeben hatte, war für mich genug um zu wissen, dass ich ihn und mich schützen musste. Doch unbemerkt hatte sich ein Gefühl in meinem Herzen eingeschlichen, gegen das es sehr schwer war zu kämpfen. Doch es durfte da nicht sein!
"Wir sind in zehn Minuten da.", brach er das Schweigen.
"Weiß deine Familie das wir auch mitkommen?"
"Ja."
Verwundert runzelte ich die Stirn, als ich das Orteingangsschild las. "Das ist nicht Mullingar."
"Ich weiß."
"Was machen wir hier?"
Er atmete hörbar aus und rollte mit den Augen.
"Das habe ich gesehen.", machte ich Neill drauf aufmerksam. "Aber was wollen wir in Blackrock?"
"May!", sagte Neill nun lauter und setzte den Blinker. Als sein Auto auf dem Parkplatz zum Stehen kam, öffnete er die Autotür und stieg aus. Ich machte es ihm gleich.
"Deswegen habe ich noch immer keine Antwort von dir."
Er holte Bailey ebenfalls aus dem Auto und ließ sie aussteigen. Ohne mir eine Antwort zu geben, lief er um das Auto zum Kofferraum und öffnete diesen.
"Nimm bitte deine Tasche."
Die Arme vor der Brust verschränkt, stellte ich mich vor ihm hin, was sein typisches Grinsen auf sein Gesicht aufkommen ließ. Wir standen eine Weile so da und bewegten uns kein Stück. Jetzt

realisierte ich erst einmal wie nah ich mich eigentlich vor ihm hingestellt hatte. Sein Grinsen war verschwunden und seine Augen wandten sich die ganze Zeit nicht von meinen ab. Gerade als er Luft holte, um mir etwas zu sagen, fuhr ein Auto auf den Parkplatz. Wir beide drehten uns in die Richtung.
"Da sind sie ja.", sagte Neill.
Ich merkte, wie sich die Nervosität in mir breit machte und meine Hände zu schwitzen anfingen. Kaum stand das Auto, stieg schon eine blonde nett aussehende Frau aus und lief auf Neill zu.
"Ach mein Junge."
Ich biss mir schnell auf die Lippen, um nicht zu sehr grinsen zu müssen. Doch das Bild von Neill und seiner Mutter war einfach zu süß. Nachdem sie sich aus der Umarmung löste, schaute sie leicht zur Seite. Zaghaft lächelte ich sie an.
"Ist sie das?", fragte sie Neill.
Er drehte sich mit einem Lächeln zu mir um und antwortete: "Ja das ist Mailey."
"Hallo.", höflich streckte ich der Frau meine Hand hin, doch statt sie entgegen zu nehmen, nahm sie auch mich in die Arme. "Ich bin Grace."
"Na Neill, alles klar.", begrüßte Connor seinen kleinen Bruder.
"Immer doch.", grinste Neill. "Hey mein Großer."
Der kleine Junge streckte seine Arme von sich und rannte freudestrahlend zu Neill. Schwungvoll nahm er seinen Neffen hoch und wirbelte ihn etwas im Kreis.
"Der Kleine ist sein ganzer Stolz.", flüsterte Grace mir leise zu.
"Man sieht es."
Nachdem ich auch alle anderen begrüßt hatte, nahm Neill mich an die Hand und lief los. Fragend folgte ich ihm und der Rest der Truppe setzte sich auch in Bewegung. Bai hatte sich sofort an Fynns Fersen geheftet, sodass ich mir um sie auch keine Sorgen machen musste.
"Wohin-"
"Fang nicht schon wieder damit an.", unterbrach mich Neill. Wir

waren noch eine Weile unterwegs gewesen, als Neill plötzlich stehen blieb und sagte: "So wir sind da."
Vorsichtig kletterte ich neben ihm einen Steinhaufen hinauf und sah das Meer, sowie die Klippen und den Strand.
"Wow!", staunte ich fasziniert. Der Junge neben mir hüpfte die Steine hinunter und hielt mir anschließend ebenfalls die Hand hin.
"Wir machen heute einen Strandtag."
"Aber warum haben wir den nicht in Howth gemacht?"
"Weil du da garantiert nicht abschalten könntest."
"Schrecklich wie gut du mich kennst!", murmelte ich vor mich hin, doch Neill hatte es gehört.
"Das macht einen Freund aus."

Die anderen hatten die Badehandtücher und Decken schon ausgebreitet und Bailey sowie Fynn waren schon eifrig mit Schaufel und Eimer damit beschäftigt Sandburgen zu bauen.
"Hier das ist eure Decke.", informierte uns Bob und ich stellte meine Tasche auf der Besagten ab. Durch die Sonne geblendet, holte ich meine Sonnenbrille heraus und sah mich dann mal genau um. Der Strand war nicht so schmal wie ich ihn von Howth kannte, sondern breiter. Die Klippen, die sich hinter uns auftaten, zogen mich jetzt schon magisch an. Als ich meinen Blick so streifen ließ, konnte ich eine Treppe ausfindig machen, welche sich an der Seite nach oben schlängelte.
"Kommst du mit rein?", stieß Neill mich in die Seite.
Überlegend was er meinte, drehte ich mich zu ihm um. Er hatte nur noch seine Badehose an. Wie es aussah hatte er seine Alltagssachen ausgezogen, als ich mich umgesehen hatte.
"Wohin?"
"Baden.", schüttelte er lachend den Kopf.
"Nein."
"Was? Wieso?", rief er überrascht.
"Okay mit den Füßen, aber nicht mehr."

Als ich diese Worte äußerte stahl sich ein hinterhältiges Grinsen auf sein Gesicht. "Und keine bösen Hintergedanken!", fügte ich eilig hinzu. Ich zog meine Jeans und mein Shirt aus, sodass ich dem Blonden in meinem Tankini folgte. Ohne zu zögern rannte Neill ins Meer und tauchte unter. Lächelnd sah ich ihm dabei zu, wie er in den Wellen verschwand. Ich dagegen tastete mich Stück für Stück vor und musste gegen den Zwang ankämpfen nicht sofort wieder zurück zu rennen, als das Wasser meine Füße umspülte. Das war sowas von kalt!
"Hey!", rief Neill und winkte mit seiner Hand. "Komm bisschen weiter rein."
"Auf keinen Fall!", schrie ich zurück, da das Wasser so stark rauschte. Neill zog einen Schmollmund, aber ich konnte nicht. Ich hatte zu viel Angst vor dem Meer.
"Bis zu den Knien!", verhandelte er. In mir kämpfte meine Angst vor dem Meer und die Tatsache, dass ich Neill nicht enttäuschen wollte, nachdem er sich soviel Mühe gegeben hatte. Als er sah, dass ich mich weiter hinein traute, lief er mir entgegen. Noch ehe ich es realisieren konnte, berührte seine Hand die Wasseroberfläche und sorgte dafür das ich eine gewaltige Ladung abbekam.
"Neill!", quietschte ich durch die unerwartete Kälte erschrocken auf.
Alles was von ihm zu hören war, war sein Lachen. Ich strich mit meinen Handflächen über meine Augen, um wieder eine klare Sicht zu haben. Doch er war weg. Mich einmal im Kreis drehend suchte ich ihn. Nichts.
"Neill?" Ich wusste, dass er tauchte, doch die Angst flammte in mir auf. Leider war das Wasser trüb, damit konnte ich auch nicht seine Kontur erkennen.
"Neill?", rief ich ängstlich, da er schon ziemlich lange unter Wasser war, als mich etwas an den Füßen zog und ich meinen Halt verlor und somit vollends im Wasser landete. Prustend tauchte ich auf,

als er erneut nach meinen Füßen griff und mich durchs Wasser zog.
"Neill! Hör auf!", rief ich so gut es ging durch das Wasser, welches mir ins Gesicht spritze.
Als er mich endlich los ließ, realisierte ich wie tief im Wasser ich war und schrie auf. Erschrocken schwamm Neill zu mir.
"Alles okay?"
Panisch schüttelte ich meinen Kopf und klammerte mich an seinem ausgestreckten Arm fest.
"Was ist denn los?"
"Ich will raus! Ich will raus!", war das Einzige was ich sagen konnte. Der Junge schwamm nun näher und umarmte mich zaghaft um meine Taille, mein Gesicht zu sich drehend.
"Warum denn?"
"Ich habe Angst.", flüsterte ich leise. Neill runzelte irritiert die Stirn.
"Vor mir?"
Verneinend schüttelte ich den Kopf und sah panisch auf das Wasser. Das Wasser reichte Neill bis kurz vor die Brust, also war es tief! Richtig tief.
"Oh.", er erschien zu erkennen wovor und drehte mir den Rücken zu.
"Halt dich fest. Ich schaff dich raus."
Dankend nahm ich sein Angebot an und klammerte mich von hinten an ihm fest. Bedächtig und darauf achtend, dass mir nichts passierte, schwamm er nach vorn Richtung Strand.
"Ab hier solltest du gehen können.", meinte er.
Von seinem Rücken kletternd, tastete ich mit meinen Füßen nach dem Sandboden. Erleichtert stellte ich fest, dass das Wasser mir nur bis zu den Waden reichte.

Ich saß auf der Decke in meinem Handtuch eingekuschelt mit Blick auf das Meer.

"Es tut mir leid.", entschuldigte sich Neill leise, welcher sich neben mich mit einem Brötchen in der Hand, hingesetzt hatte.
"Schon gut."
"Willst du auch?", und hielt mir sein Brötchen hin.
"Ein Stückchen."
Er riss die Hälfte ab und reichte sie mir.
"Ich wusste nicht, dass du so eine Angst vor dem Meer hast. Es tut mir wirklich leid."
Ich nickte. "Weißt du was?" Interessiert sah er mich an. "Du könntest das wieder gut machen, wenn du mit mir mal da hoch kommst."
Meinem ausgestreckten Finger folgend, drehte er sich zu der Treppe um.
"Da hoch? Okay."

"Vom Strand sah es aber nicht ganz so hoch aus.", jammerte er hinter mir. Lachend drehte ich mich um.
"Strafe muss sein."
"War ja klar."
"Erste!", rief ich und streckte meine Arme in die Höhe.
"Streber."
Grinsend lief ich zum Rand der Klippe und sah ehrfurchtsvoll hinaus auf das weite Meer.
"Das ist echt eine wahnsinnige Aussicht."
"Bei uns in Howth haben wir hinten auch so eine Klippe. Sie ist zusammen mit der Seebrücke mein Lieblingsort. Bei der Klippe steht auch so ein alter Pavillon. Weißt du mit solchen Verzierungen.", erklärte ich.
"Ich glaube schon."
Ich sah mich auf der Wiese um und entdeckte eine Pusteblume.
"Was hast du vor?"
Ihm nicht antwortend pflückte ich sie und nahm die Samen in die Hand. Skeptisch beobachtete Neill mich.
"May du weißt schon, das man pusten muss, nicht die Samen

abreißen. Deswegen heißt es ja auch Pusteblume."
Mit den Augen rollend stellte ich mich wieder neben ihn.
"Pass auf."
Lächelnd wegen seinen neugierigen Blicken sah ich hinunter auf das Meer und auf die Steine, die am Ende der Klippe lagen. Als eine Welle an diesen brach, streckte ich meine Hände aus und der Windstoß erfasste die Samen und wirbelte sie durch die Luft. Staunend sahen wir ihnen zu, wie sie durch die Luft flogen.
"Ich liebe das.", schwärmte ich.
"Kann ich verstehen."
Seit langem verspürte ich endlich dieses Glücksgefühl wieder, diese Freiheit. Ich fühlte mich einfach frei.
"Lass es raus."
"Was rauslassen?", hakte ich verwundert nach.
"Das was in dir steckt. Zeig es doch einfach allen." Neill war bei jedem seiner Worte immer näher gekommen.
"Einfach rauslassen, ja?"
Zustimmend nickte er, also drehte ich mich zum Meer und schrie einfach. Lachend stimmte Neill mit ein.
"Das hallt.", merkte ich.
"Hall-ho!", rief ich schließlich und so kam es das Neill und ich sinnloses Zeug die Klippen hinunter riefen. Doch die Worte kamen niemals an, da der Wind sie forttrug.
"Neill?"
"Hm."
"Danke für alles."
Wir standen uns beide mit den Oberkörpern zugewandt, während der Wind um unsere Ohren wehte. Meine Haare und seine Badehose flatterten. Doch der Moment war magisch. Das Meer rauschte lauter als zuvor, wie als wenn es uns vor dem was um uns herum war, beschützen wollte. Ich blickte ihm unentwegt in seine blaue Augen und er in meine. Zaghaft und etwas schüchtern beugte er seinen Kopf zu mir. Meinen Atem anhaltend beobachtete ich seine Bewegungen. Kurz bevor sich unsere

Lippen berührten, hielt er für einen kleinen Augenblick inne und sah mich an. Meine Lippen verzogen sich zu einem liebevollen Lächeln, welches er erwiderte bevor sich unsere Lippen schließlich berührten. Seine Arme um mich legend, zog er mich näher zu sich. Und eins wusste ich, als ich mit Neill küssend in diesem Moment auf der Klippe stand: es war einfach perfekt!

Kapitel 33 – Ich lieb-mag dich

Mailey POV:

Neill und ich waren später wieder zu den anderen hinunter gegangen, ohne ein Wort über unseren Kuss zu verlieren. Lächelnd hatte ich noch Bailey beobachtet, wie sie mit Fynn ihre Sandburgen baute. Wobei Neills Neffe auch nicht um die eine oder andere Knuddelattacke meinerseits vorbei kam, was Neill mit einem "Lass ihn bitte leben.", kommentierte. Als Antwort bekam er nur meine raus gestreckte Zunge zu sehen.

Am späteren Abend beschlossen wir dann wieder nach Hause zu fahren, da langsam die Abendkühle aufzog. Als ich so im Auto saß, während Neill durch die beleuchteten Straßen fuhr, merkte ich, wie erschöpft ich war. Obwohl wir heute nichts anstrengendes gemacht hatten, wusste ich was der wahre Grund dafür war und bekam damit unweigerlich das schlechte Gewissen Neill gegenüber ihn über meinen Zustand im unklaren zu lassen. Doch manchmal leben Menschen glücklicher, wenn sie nichts wissen. Und bei mir war es der Fall.
Der Wagen kam in unserer Auffahrt zum Stehen, als ich mich abschnallte und zu Neill drehte: "Vielen Dank für den Tag. Es war wirklich sehr schön gewesen."
Dank der Straßenlaterne, welche ein paar Meter von uns ihren Platz hatte, konnte ich sehen, wie sich ein Lächeln auf sein Gesicht schlich.
"Das freut mich. Mir hat es auch gefallen."
Ich warf Neill noch ein Lächeln zu, eh ich die Autotür schließlich öffnete.
"Und ist bei euch alles gut?", konnte ich Grammy rufen hören. Die alte Dame stand im beleuchteten Türrahmen unseres Hauses.

"Alles bestens.", rief ich mit gedämpfter Stimme zurück. Bai war bei der Autofahrt und den leisen Klängen vom Radio eingeschlafen. Ich öffnete die hintere Tür und beugte mich über sie, damit ich sie vorsichtig abschnallen konnte. Erschrocken zuckte ich jedoch zusammen, als ich ein paar Hände an meiner Hüfte spürte. Überrascht drehte ich mich um, hatte aber den Abstand von Autodecke zu meinem Kopf anders in Erinnerung gehabt und stieß ihn mir. Lachend sah mich Neill an, während ich mir mit schmerzverzerrten Gesicht die Stelle rieb.
"Was denn?"
"Komm mal mit."
"Aber ich muss Bai aus dem Auto holen und-"
"Das macht Grammy.", unterbrach er mich.
Widerwillig ließ ich meine Augen von Bai zu ihm huschen, bis ich Neill letztendlich doch folgte.
"Wo willst du hin?", fragte ich, nachdem er meine Hand ergriffen hatte und mich mit sich ins Haus zog. "Ich kann mir vorstellen das du Hunger hast, aber trotzdem finde ich, wäre Zeit gewesen Bai-", empfindlich rümpfte ich die Nase. "Was ist das für ein Geruch?"
Grinsend drehte er sich um.
"Neill?"
Wir kamen vor meinem oder zur Zeit seinem Zimmer zum Stehen.
Kritisch sah ich den Blonden an.
"Weißt du der Strandtag war eigentlich nur ein Vorwand, um dich aus dem Haus zu locken.", gab er zu.
"Was, warum?"
"Weil das sonst nicht möglich gewesen wäre." Mit diesen Worten drückte er die Türklinke hinunter und öffnete die Zimmertür. Nun schlug mir der Geruch doppelt so stark entgegen, aber ich konnte ihn zuordnen: Farbe. Frische Farbe.
Mit staunenden Augen trat ich in mein Zimmer und sah mich um.
Alles hatte sich verändert. Angefangen über die Wandfarbe, welche jetzt blau mit einer weißen Bordüre war und nicht mehr diese alte heruntergekommene Tapete. Bis hin zu den Schränken,

welche komplett neu waren, da ich das frische Holz noch riechen konnte und nicht mehr meine alten zusammengeschusterten Regale.

"Das ist..." Mir fehlten die Worte und Tränen sammelten sich in meinen Augen vor Freude. Glücklich drehte ich mich zu Neill um, der lässig angelehnt im Türrahmen stand und mich beobachtete.

"Gefällt es dir?", hakte er nach und zog eine Augenbraue in die Höhe.

Als Antwort lief ich einfach in seine Arme und schlang sie um seinen Hals. "Danke, danke, danke!", flüsterte ich und die Freudentränen liefen einfach meine Wangen hinunter, ohne das ich dagegen etwas unternehmen konnte.

"Wann hast du-? Ich meine wie?", stammelte ich vor mich hin.

Lächelnd antwortete mir Neill: "Ich habe gestern die Farbe beim Baumarkt gekauft, bevor ich zu dir gekommen bin und der Ausflug war wie gesagt ein Grund um dich aus dem Haus zu locken, sodass die Arbeiter in Ruhe ihre Arbeit erledigen können."

"Du bist verrückt.", murmelte ich und strich mir meine Tränen aus den Augen, während ich sie immer und immer wieder über mein neues Zimmer wandern ließ.

"Also gefällt es dir?"

"Aber richtig!"

Wie in Trance setzte ich mich auf mein Bett und strich vorsichtig über die frisch bezogenen Lagen.

"Darf ich dich mal was fragen?", sah mich Neill unsicher an.

Verwundert runzelte ich die Stirn, bevor ich zustimmend mit dem Kopf nickte.

"Warum hast du sämtliche Ausgaben von Mansfield Park?"

"Du meinst meine Büchersammlung?"

Bejahend nickte er. Ich stand auf und stellte ich mich vor meinen unzähligen Ausgaben des Buches 'Mansfield Park' von Jane Austen. In Gedanken verloren strich ich über die rauen, teilweise zerflatterten Umschläge.

"Ich mag das Buch.", antwortete ich.

"Ja, aber nur weil ich es mag, würde ich jetzt nicht unweigerlich alle Exemplare kaufen."
"Es sind nicht alle Exemplare.", widersprach ich ihm. "Mein Vater hatte mir damals, ein Exemplar gekauft und vorn eine Widmung für mich hineingeschrieben. Das erste Mal hatte ich das Buch bei meiner Tante gelesen gehabt und es sofort geliebt. Mein Dad wollte mir eine Freude machen und hat ein ganz altes Stück gekauft. Als ich es in den Händen hielt, hatte ich das Gefühl, einen Schatz zu halten. Es war das Wertvollste was ich besessen habe und als mein Vater uns verlassen hatte, war es umso wertvoller für mich geworden. Doch eines Tages kam ich nach Hause und es stand nicht mehr in meinem Regal."
Bei der Erinnerung an diesen Tag biss ich mir unbemerkt auf die Lippe. Neill folgte still und aufmerksam meiner Erzählung, ohne mich auch nur einmal zu unterbrechen.
"Als ich meine Mutter fragte, wo sie denn mein Buch hingeräumt hatte, antwortete sie schlicht und einfach, sie habe es verkauft, weil wir kein Geld mehr hatten. Dadurch, dass das Buch so alt war, war es fast schon ein historisches Fundstück. Es wäre glaube gar nicht mal so schmerzhaft für mich gewesen, wenn wir wirklich kein Geld gehabt hätten. Dann hätte ich es wirklich gern gegeben, allein schon wegen Bailey. Doch in Wahrheit hatte unser Geld einfach nicht für den Alkohol gereicht."
Ich machte eine kurze Pause und beendete schließlich meine Ausführung mit: "Und seit diesem Tag gehe ich in jeden alten Buchladen, Second-Handshop oder etwas anderes und kaufe diese Bücher aus dem Jahrgang, aus dem meins kam. Ich hoffe immer noch darauf, es irgendwann zu finden."
"Das wirst du bestimmt.", meinte er zuversichtlich.
"Wir werden sehen."
Ich raffte mich auf und stand vom Bett auf.
"Bailey?", rief ich.

Nicht lange und meine kleine Schwester erschien im Türrahmen. "Kannst mal bitte das Kopfkissen von Neill nehmen und ich nehme das Bettzeug."

Neill POV:

"Wo willst denn jetzt hin damit?", fragte ich sie.
"Na hier willst doch bestimmt nicht schlafen mit dem Geruch der Farbe in der Nase, oder?"
Verneinend schüttelte ich den Kopf, bevor ich May half das ganze Bettzeug zu transportieren.
"Okay und wo hin?", fragte ich sie, als wir im Flur standen.
"Also Option A du schläfst im Zimmer von meiner Mutter oder Option B du schläfst auf der Couch."
"Oder er schläft noch mit bei uns!", warf Bai ein. Überrascht sahen wir das kleine blonde Mädchen an.
"Bai!", wies Mailey ihre Schwester zurück.
"Ich finde ihre Idee am besten.", warf ich schnell ein. Grinsend streckte Bailey ihrer Schwester die Zunge heraus, während sie mich verwundert ansah.
"Ernsthaft?"
"Ja, oder hast du ein Problem damit?"
"Nein." Erleichtert seufzte ich innerlich auf. Ehrlich gesagt hatte ich befürchtet, dass May ein Problem damit haben würde.

Also räumten ich mit May gemeinsam die Matratze in Baileys Zimmer und legten diese neben Mailey ihre auf den Boden.
"Bist du sicher, dass du hier schlafen möchtest?", fragte sie mich erneut, nachdem wir gegessen hatten und ins Bett gehen wollten.
"Ja bin ich."
"Na gut." Schulterzucken schlängelte sie sich zwischen den beiden Matratzen vorbei und legte sich auf ihre. "Willst du dich nicht hinlegen?", grinste sie mich an, als sie bemerkte, dass ich ihre

Bewegungen beobachtet hatte. Bailey hatte darauf bestanden, dass ich zwischen den beiden schlafen müsste und nicht wie ursprünglich geplant am Rand. Ich legte mich ebenfalls hin und überlegte, als Bailey die Stille unterbrach.
"Ich will noch nicht schlafen.", jammerte sie.
"Du bist schon lang genug auf gewesen.", machte ihre große Schwester sie drauf aufmerksam. "Und im Auto bist du auch schon eingeschlafen."
"Na und, deswegen will ich aber immer noch nicht schlafen."
May stöhnte einmal genervt auf. Durch das einfallende Mondlicht konnte ich sehen, wie sie ihren Kopf in ihrem Kissen vergrub. Als mir eine Idee kam.
"Was war das?", fuhr sie hoch und saß aufrecht im Bett.
"Neill hat dich fotografiert mit seinem Handy!", lachte Bai.
"Du darfst doch nicht alles verraten.", meinte ich spielerisch.
Das Ganze endete damit, dass May mir volle Wucht ein Kissen ins Gesicht warf. Durch den unerwarteten Kontakt, verlor ich meinen Halt und fiel nach hinten. Innerhalb von paar Sekunden entstand eine Kissenschlacht, welche damit endete dass wir alle drei auf meiner Matratze lagen. Völlig erschöpft.
"Kannst du ein Foto machen?"
Ich nickte und hielt das Smartphone nach oben, sodass wir alle drei mit den Köpfen zusehen waren. Und aus einem Foto wurden mehrere. Entweder wir zogen Grimassen oder wir lächelten freundlich in die Kamera.
"So, jetzt gehst du aber ins Bett.", sagte May mit mütterlichen Ton und gab Bai einen liebevollen Klaps auf den Po. Gerade als sie auch auf ihre Matratze rüber rutschen wollte, griff ich schnell mit den Arm um ihre Hüfte, um sie daran zu hindern.
"Neill.", lachte sie leise.
"So ich liege.", gab Bai Bescheid.
"Super, dann schlaf.", antwortete May, was mich zum lachen brachte. "Was hast du vor Neill?", flüsterte sie leise.
"Ich werde schlafen, so wie du gesagt hast.", erwiderte ich.

Ich konnte ihr leises Lachen, durch das Vibrieren an meiner Brust spüren.
"Aber ich liege bei dir."
"Ich weiß."
Ich glaubte so langsam wusste sie, dass ich sie nicht gehen lassen wollte, denn ihre Körperspannung gab nach und sie kuschelte sich etwas mehr mit ihrem Rücken an meine Brust.
"Neill?"
"Ja?"
"Gib mir mal dein Handy."
Überrascht, ob ich sie richtig verstanden hatte, hob ich leicht meinen Kopf.
"Wie bitte."
"Dein Handy."
"Warum?", fragte ich, während ich es in ihre geöffnete Hand legte, welche sie nach hinten hielt.
"Ich mach ein Foto von uns zwei."
Ihre Arme von sich streckend hielt May den Finger über den Knopf. Meinen Kopf über ihren hebend, lächelnden wir beide in die Kamera. Durch den Blitz, der auf zuckte, drehte sich Bailey im Schlaf.
"Sie ist ja schnell eingeschlafen.", flüsterte ich leise, nachdem ich mein Handy weggelegt hatte und wir beide in unserer ursprünglichen Position lagen.
"Sie war auch völlig fertig vom Tag."
"Sie hat ja auch getobt."
"Neill, danke nochmal für alles! Ich habe es genossen.", sagte sie aus tiefsten Herzen.
Still vor mich hinlächelnd erwiderte ich: "Für dich jederzeit. Ich lieb-mag dich doch.", änderte ich schnell meinen Satz und mein Herz begann zu rasen. Ich hoffte still und heimlich, dass sie nicht mitbekommen hatte, was ich eigentlich sagen wollte.
"Ich mag dich auch sehr!", gab sie zurück und atmete tief durch.

Ich lag noch eine Weile wach. Das Gefühl May in meinen Armen zu halten, war unbezahlbar. Immer und immer wieder spielten sich die Szenen heute im Wasser oder der Kuss oder ihr Gesichtsausdruck als sie ihr Zimmer gesehen hatte, vor meinen Augen ab und ich wusste ich würde immer wieder alles dafür geben sie so glücklich zu sehen, denn ich liebte sie. Und daran konnte auch kein Nate oder sonst jemand oder etwas jemals was ändern.
An ihrer Atmung bemerkte ich, dass sie nun auch eingeschlafen war. Mit einem leichten Kuss auf ihren Hinterkopf flüsterte ich: "Ich liebe dich, May."

Kapitel 34 – Die Wahrheit

Neill POV:

"Und alles gut?", empfing mich Zack mit den Worten am Morgen.
"Ja alles gut.", grinste ich.
"Was ist los?", mischte sich nun auch James ein, der mein Lächeln bemerkt hatte.
"Ich und May machen Fortschritte."
"Das heißt was genauer?"
"Das wir uns geküsst haben und sie auch jetzt mehr lacht."
"Hat die Überraschung geklappt?", schlug mich Lewis fragend von hinten auf die Schulter.
"Voll! Sie hat sich echt drüber gefreut."
"Na ja, jetzt stehen drei Wochen ohne sie an. Schaffst du das?", sah er mich kritisch an.
"Ich habe jetzt ihre Nummer, also kann nichts mehr schief gehen."

Wir stiegen in das Flugzeug ein, und nicht lange danach starteten wir auch schon zu unseren nächsten Konzerten. Mir wurde etwas schwer ums Herz, wenn ich dran dachte, dass ich May jetzt ganze drei Wochen nicht mehr sehen würde.
"Ich werde sie vermissen.", murmelte ich leise vor mich hin mit Blick aus dem Fenster.
James hatte mich gehört und wandte sich zu mir um. "Vielleicht ist es gut."
Fragend runzelte ich die Stirn. "Vielleicht ist es die Zeit, die du brauchst, um ihr dann nicht nur beim Schlafen zu sagen, dass du sie liebst, sondern ins Gesicht."
"Wer weiß."

Mailey POV:

"Ach hier bist du.", unterbrach Grammy meine Gedanken. Still nickte ich. Mein Pavillon war mein Reich, ich liebte diesen Ort einfach zu sehr.
"Wie geht es dir?"
"Von Tag zu Tag schlechter. Man kann es eben nicht verbergen.", sagte ich leise und meine Augen füllten sich mit Tränen.
"Wann kommt Neill wieder?"
"In einer Woche.", antwortete ich. Grammy hatte sich neben mich auf die Bank gesetzt und sah wie ich auf das weite glitzernde Meer hinaus. Der Wind zog um unsere Ohren und ich lauschte dem Toben des Meeres. Zwei Wochen waren vergangen, als ich Neill das letzte Mal gesehen hatte.
"Wo ist Bai?", fragte ich sie.
"Sie ist schon im Bett. Weiß es Neill eigentlich?"
Verneinend schüttelte ich den Kopf und biss mir auf die Unterlippe, um nicht loszuweinen. Immer war ich stark gewesen und hatte es in eine winzig kleine Ecke in meinen Gedanken versteckt, doch nun war es da.
"Warum nicht? Warum hast du es Nate erzählt und Neill nicht?"
"Ich war davon ausgegangen, dass es mit Nate was Längeres wird und Neill sah ich einfach nur als Superstar an."
"Aber jetzt nicht mehr? Richtig?"
Als Bestätigung nickte ich nur. "Wäre es dann nicht ihm gegenüber fair zu sagen was los ist?"
Ich stand auf und stellte mich vor Grammy, während mir die Tränen über die Wangen liefen.
"Fair? Es ist nicht fair Grammy! Neill hat sein Leben, ein Leben das viel verspricht und ich bin ein einfaches Mädchen vom Land. Ich kann ihm nicht das geben, was er braucht. Ich kann nicht für ihn da sein, wie er es für mich war. Das ist nicht fair!"
"Was hat der Arzt gesagt?"
Weinend drehte ich mich um und hielt meine Hand vor den Mund,

um nicht zu laut aufzuschluchzen, als ich Grammys Arme spürte. Liebevoll drehte sie mich zu sich.
"Mailey, meine kleine Mailey."
"Höchstens eine Woche."
Ich schloss meine Arme um sie und ließ meinem Kummer freien Lauf.
"Du liebst ihn richtig? Es ist nicht nur eine Freundschaft für dich?"
Unter Tränen schüttelte ich verneinend meinen Kopf, doch überkreuzte ich meine Finger. Grammy löste die Umarmung, griff nach meiner Hand und hielt sie zwischen uns. Langsam und mit Tränen in den Augen entkreuzigte sie diese wieder.
"Ich kann ihm doch kein schwaches Herz schenken, Grammy. Das ist nicht fair ihm gegenüber."
Nun liefen auch bei der alten Dame die Tränen. Ich hatte keine Kraft mehr. Ich konnte nicht mehr stark sein, nicht nachdem was der Arzt heute bei der Kontrolle gesagt hatte.
Eine Woche. Was war eine Woche schon? Wie schnell waren sieben Tage vorbei oder noch weniger?
"Ich liebe dich Grammy!"
"Ich dich auch meine Kleine."

Neill POV:

Die anderen waren gerade in der Maske, als ich rein kam.
"Was hast du denn da?", fragten sie mich.
Meinen Blick auf den Umschlag richtend antwortete ich: "Ein Geschenk für May, wenn ich sie in vier Tagen wieder sehe."
"Und was ist das?", wollte nun auch Lou neugierig wissen.
Vorsicht und darauf bedacht nichts kaputt zu machen, holte ich das alte Jane Austen Buch aus dem Umschlag.
"Ein Buch?", fragte Edward ungläubig.
"Nicht irgendein Buch.", erklärte ich stolz. "Das ist das Exemplar von ihrem Vater. Ich hatte einem Bekannten denn Auftrag

gegeben zu recherchieren, wo eventuell solche alten Bücher verkauft werden und dann alle ab zu klappern und nach Maileys Buch mit der Widmung zu suchen. Und er hat es gefunden und ich habe das Fundstück abgekauft."
"Da wird sie sich ja freuen.", lächelte James mich an.
"Das hoffe ich."
"Von wem redet ihr?", mischte sich Nate ein. Er war unser Techniker hier wieder und ich rollte genervt mit den Augen. Mailey zu liebe zügelte ich mein Temperament ihm gegenüber.
"Von niemanden.", wies ich ihn ab.
"Von Mailey Bennett.", berichtigte mich Lewis. Geschockt riss ich die Augen auf und sah den Schwarzhaarigen vor mir an.
"Mailey Bennett? Meine Mailey?"
Wütend ging ich auf ihn zu. "Ja deine Mailey, obwohl du es nicht wert bist sie deine zu nennen, nach all dem was ich weiß!"
"Sie ist auch nicht mehr meine." Irritiert blickte ich Nate an. "Sie hat mit mir Schluss gemacht.", ergänzte er.
"Wann?"
"Vor fast drei Wochen."
"Drei Wochen?", wiederholte ich seine Worte.
"Ja, kann aber auch nur gut sein, nachdem was sie in Zukunft erwarten wird." Und dann drehte er sich um. Zu der Möglichkeit ihm eine zu verpassen, kam ich nicht da meine Gedanken rasten. Vor drei Wochen? Warum hatte sie mir nichts davon gesagt, als ich sie nach Nate gefragt hatte? Was meinte er damit, was sie in Zukunft erwarten würde?
"Neill?-Neill!"
Meinen Kopf schüttelnd riss ich mich aus meinen Gedanken und sah zu Zack. "Dein Handy klingelt."
Überrascht zog ich es aus meiner Tasche.
"Hallo?"
"Neill?", hörte ich eine ältere Stimme am anderen Ende.

"Ja, wer ist da?"
"Hier ist Grammy. Neill du musst kommen, May braucht dich dringend!", antwortete sie verzagt.
"Was ist denn los?"
"Neill bitte komm ins Krankenhaus!" Gleich darauf ertönte der Freizeichenton.
"Wer war das?", hakte Zack nach.
"Grammy."
"Maileys Oma?"
"Ich soll sofort ins Krankenhaus kommen. Mailey braucht mich."
"Wir haben aber jetzt ein Konzert, da kannst du nicht einfach gehen.", warf Edward bedenkend ein. Stimmt, da hatte er recht.
"Dann bleib ich und fahr nach dem Konzert gleich rüber."

Ich war zwar auf der Bühne und spielte die Gitarre, doch eigentlich war nur meine Hülle anwesend. Wenn ich nicht gerade sang, wanderten meine Gedanken zu Mailey und Nate, zu Grammy die mich verzweifelt angerufen hatte. Ich versuchte einen Sinn dahinter zu erkennen, doch es fügte sich nichts zusammen und ich kam zu meiner ursprünglichen Frage zurück: Was war hier los?
Es waren noch nicht einmal die letzten Töne richtig verklungen, da rannte ich von der Bühne. Meine Gitarre warf ich auf das Sofa, griff nach dem Buch für May, meinen Autoschlüsseln und rannte durch die engen Gänge zu meinem Wagen. Eilig startete ich den Motor und verließ das Konzertgelände. Mit einer Hand am Lenkrad versuchte ich mit der anderen Grammys Nummer zu wählen.
"Ja?"
"Grammy, ich bin es Neill. Zu welchem Krankenhaus soll ich kommen?"
"In Dublin."
"Ich bin dann in einer dreiviertel Stunde da.", beendete ich das Gespräch.

Atemlos kam ich im Dubliner Krankenhaus an. Der typische Geruch nach Desinfektionsmittel empfing mich. Meine Augen schweiften unruhig umher auf der Suche nach der Rezeption. Kaum hatte ich sie entdeckt, rannte ich hin und begann los zureden: "Wo liegt May?"
"Entschuldigen sie bitte?", lächelte die Dame hinter dem Tresen.
"Mailey Bennett. In welchem Zimmer liegt sie?"
"Einen Moment bitte." Sie blätterte in ihren Unterlagen und mein Fuß wippte auf und ab. Wenn sie sich nicht endlich beeilen würde, dann- "Zimmer 1810.", sagte sie mir.
Sofort drehte ich mich um, stürmte zum Lageplan, suchte die Nummer. "Etage 3." Ungeduldig drückte ich mehrfach auf Knopf des Fahrstuhls, obwohl er schon längst leuchtete. Ich hatte nicht mehr die Ruhe zu warten und drehte abrupt um, sodass ich einen Mann anrempelte.
"Entschuldigung!", rief ich ihm noch zurück und rannte zu den Treppen. Ich musste auf der Stelle zu ihr. Auf der Stelle.

Zwei Stufen mit einmal nehmend erreichte ich ihre Etage. Mit aller Kraft stieß ich die weißen Türen auseinander und lief zu ihr. Kaum drückte ich die Klinge ihres Zimmers hinunter, sah ich sie. Wie gelähmt blieb ich stehen und konnte meine Augen nicht von ihr nehmen.
Da lag sie. Meine Mailey. Mein Mädchen, angeschlossen an einer Herzmaschine. Der Tropf in ihrem linken Arm führte ihr unermüdlich die nötige Flüssigkeit hinzu.
"Was ist passiert?", fragte ich, als ich meine Sprache wieder gefunden hatte.
"Es ist soweit.", flüsterte Grammy und drückte Bailey ganz fest an sich.
Verstört lief ich zu ihrem Bett. May hatte ihre Augen geschlossen und atmete gleichmäßig ein und aus.
"Was ist soweit?", hakte ich im Flüsterton nach.

Ich bemerkte die Tränen, die Grammy aus den Augen traten und sah im selben Moment zu May. "Neill?", vernahm ich leise ihre Stimme.
"Ja?" Neben ihrem Bett ging ich in die Hocke und strich zaghaft über ihre Hand. "Ich bin da."
Mailey drehte langsam ihren Kopf und sah mich aus ihren wunderschönen Augen an.
"Was ist los May?", wollte ich nun endlich wissen.
"Wir warten draußen.", informierte Grammy uns und May nickte zustimmend. Ich legte ihre Decke ein Stück zur Seite und sah sie abwartend an.
"Neill ich...ich...", fing sie an, stoppte aber, da selbst ihr die Tränen in die Augen traten. Ein ungutes Gefühl machte sich in mir breit und meine Hände begannen zu schwitzen.
"Was ist los?"
"Ich bin herzkrank.", brachte sie unter Schluchzen hervor.
Mein Körper verkrampfte sich unter ihren Worten und fassungslos sah ich in ihre grau-blauen Augen.
"Aber es gibt doch Medikamente...", fing ich, jedoch unterbrach mich ihr verneinendes Kopfschütteln und ich verstand was sie mir damit sagen wollte.
"Doch May!", widersprach ich ihr und biss mir auf meine zitternde Unterlippe.
"Hey, wir werden wieder zusammen am Strand sein."
"Nein Neill.", antwortete mein Mädchen plötzlich mit einer inneren Ruhe. Vorsichtig zog sie ihre Hand aus meiner und strich meine Tränen weg.
Ich legte meinen Kopf neben sie und inhalierte ihren Duft. Wohl wissend, dass es das letzte Mal sein konnte.
"Wir werden ganz bestimmt wieder an deiner Klippe stehen und dummes Zeug hinunter rufen."
Ich konnte ihr Lachen hören. "Du bist verrückt."
"Das hast du schon mal gesagt.", erinnerte ich sie.
"Ja das stimmt."

"Aber du kannst jetzt nicht gehen."
"Ich kann alles Neill, erinnerst du dich nicht dran?"
Und ob ich mich daran erinnerte, wie sie in dem Zimmer stand und versuchte die Wände zu streichen, sich nicht helfen lassen wollte und dabei diese Worte äußerte.
"Aber nicht ohne mich mitzunehmen und da will ich garantiert noch nicht hin, also bleibst du!"
Auf ihre rosa Lippen schlich sich ein verkrampftes Lächeln.
"Alles okay?", fragte ich besorgt.
Sie nickte. "Ich hatte nur gerade einen Schub."
Erstarrt sah ich sie an. "Neill ich habe noch eine letzte Bitte."
"Hör auf!", widersprach ich sofort.
"Neill!", ermahnte sie mich in verärgerten Ton. "Gib mir mal bitte aus dem Schrank das blaue Buch."
Ich erhob mich von dem Bett und öffnete ihren Schrank. Das blaue Buch stach sofort hervor und ich reichte es ihr. Hektisch blätterte sie darin herum,.
"Ganz ruhig!", versuchte ich sie zu beruhigen, obwohl ich selber das komplette Gegenteil war.
"Hier.", damit reichte sie mir fünf bunte Briefumschläge.
"Was ist das?"
"So hat unsere Bekanntschaft angefangen und so wird sie enden." erschrocken und mit Tränen in den Augen blickte ich auf die Briefe.
"Und versprich mir, sie diesmal nicht zu zerschnippeln, wenn du wütend auf mich bist.", ergänzte sie mit einem traurigen leisen Lachen.
Mit verschwommener Sicht richtete ich meinen Blick auf sie.
"Die will ich nicht.", sagte ich stur und legte sie ihr in den Schoss.
"Du bleibst bei mir!"
Als sie weinend ihren Kopf verneinend schüttelte, fiel ich ihr ebenfalls unter Tränen in die Arme. Ganz fest drückte ich ihren zarten Körper an meinen. Wissend, dass es das letzte Mal war.
"Ich liebe dich May!"

"Wie lange habe ich gewartet, das von dir zu hören!", flüsterte sie unter ihren Schluchzen. "Ich liebe dich auch Neill."
Ihr Körper bebte unter meinen und ihre Hände fuhren über meinen Kopf. Das Bewusstsein, dass es nie wieder so sein würde, das ich nie wieder ihre Wärme spüren würde, zerbrach mich innerlich.
"Neill." Vorsichtig drückte sie ihren Körper von meinem. "Das ist für dich."
Ich betrachtete das Bild was sie von uns beiden in der Hand hielt und neue Tränen strömten meine Wangen hinunter. May steckte das Foto in meine Hosentasche. "So bin ich immer bei dir. Die Erinnerung an uns wird bleiben, Neill auch wenn ich jetzt weg gehe. Dort sind unsere Augen nie geschlossen und unsere gemeinsame Zeit ist da eingefroren und ich bin dir ganz nah."
Ich konnte nicht mehr.
"Du weißt doch, mein Lieblingslied 'Photograph'.", bemerkte sie ihr Zitat eben.
Ich nickte. "Du wirst bei mir bleiben!"
"Ich würde zu gerne Neill, aber mein Herz ist nicht stark genug dafür."
Ein letztes Mal schloss ich das Mädchen, welches mich verändert hatte in die Arme.
"Neill?", konnte ich Grammys Stimme hören. "Du musst jetzt bitte kommen. Der Arzt möchte zu ihr."
Grammy schritt mit Bai auf die andere Seite des Bettes und beide gaben ihr einen Kuss auf die Haare, während Bai auf ihr Bett kletterte. "Ich komm nachher wieder May.", sagte sie frohen Mutes "Und bringe dir auch einen Lolli mit."
Mailey nickte bejahend und schlang ihre Arme ganz fest um ihre kleine Schwester. "Ich liebe dich Bailey.", flüsterte sie ihr ins Ohr.
"Ich dich auch."
Bei Grammy brav an der Hand verließen sie gemeinsam das Zimmer. "Du musst.", sagte May leise.

"Wenn ich wieder komme, bist du noch da! Verstanden?!", sagte ich unter Tränen. Auch Maileys Augen füllten sich erneut und sie nickte zustimmend. "Ich liebe dich!", sagte ich noch einmal und gab ihr einen innigen Kuss. Schnell legte sie ihre Arme um mich und erwiderte ihn. "Ich dich auch. Bis später."
Im Türrahmen angekommen drehte ich mich ein letztes Mal zu ihr um und warf ihr eine Kusshand zu. Mein Griff um ihre fünf Briefe verstärkte sich. Dann schloss der Arzt hinter sich die Tür.

Epilog

Neill POV:

Ich betrachtete gedankenversunken den Sonnenuntergang. Früher hatte meine Mum oft zu mir gesagt: "Menschen die gehen, sind wie du untergehende Sonne. Doch von ihrem Licht wird immer etwas zurück bleiben." Damals verstand ich den Sinn dieses Spruches nicht, heute jedoch schon.

"Es tut mir leid Neill.", sagte Grammy mit teilüberfluteten Augen und ich nickte verstehend. Es war vorbei.
"Sie hat es nicht-", fing ich an, stoppte aber da ich den Satz gar nicht zuende sprechen wollte.
"Nein."
Mit gesenkten Kopf starrte ich auf den weißen Fußboden des Krankenhauses.
"Sie wollte da sein, wenn ich wieder komme.", flüsterte ich leise.
"Ich weiß." Grammy strich mir liebevoll über den Rücken.

Heute begriff ich, dass ich die Situation nicht im vollem Maße im Krankenhaus realisiert hatte. Mir kam es vor, als würde ich alles nur durch einen Schleier mitbekommen und nicht das es die Realität war.

"Grammy was ist mit May?", fragte Bai und zog am Mantel ihrer Oma. Bei dem Blick auf die Kleine zerriss es mir noch mehr das Herz.
"Sie ist weg Bailey."
Fragend legte das blonde Mädchen ihren Kopf schief: "Und wann kommt sie wieder?"
"Gar nicht mehr, meine Süße."

Das war genug. Baileys Augen verloren sofort ihr Leuchten, ihre Fröhlichkeit. Klar, Mailey war im Grunde ihr ein und alles gewesen.
"Wer kümmert sich jetzt um sie?", fragte ich die ältere Dame.
"Ich solange wie ich noch kann."
"Ich werde regelmäßig nach euch schauen.", entgegnete ich sofort.
"Neill?"
"Ja?"
Ich ging in die Hocke, um auf Augenhöhe mit ihr zu sein. Und mir war es als würde ich in Maileys Augen schauen. Ich erkannte das gleiche blaue Farbenspiel in ihnen wie bei ihr. Das führte dazu das mir die Tränen kamen. Eilig blinzelte ich, um meine klare Sicht zu behalten.
"Verlässt du mich auch?"
Ich schlang meine Arme um die Kleine und hob sie hoch. "Nein! Ein Prinz verlässt doch nicht seine Prinzessin.", sagte ich mit tränenerstickter Stimme und lehnte meine Stirn gegen ihre.
"Ich will nicht das May weg ist.", flüsterte sie mir leise zu und Tränen bildeten sich in ihren Augen.
"Ich auch nicht."

Ich wischte mir die Tränen aus den Augen und sah auf die Briefe in meiner Hand. Fünf Stück. Eigentlich brannte alles in mir zu wissen, was sie mir in diesen Briefen geschrieben hatte, doch ich fand nicht die Kraft sie zu öffnen und mich der Vergangenheit zu stellen.

"Wann wird die Beerdigung sein?", fragte ich Grammy, nachdem ich meinen Koffer im Auto verstaut hatte.
Sie legte den Telefonhörer neben sich, da sie das Gespräch beendet hatte.
"Gar nicht, Neill."
Überrascht sah ich sie an.
"Wie gar nicht?"
"Mailey wollte keine große Beerdigung und auch keinen Grabstein."

"Aber-"
"Ihren Wunsch werde ich berücksichtigen.", unterbrach Grammy mich.
Ich nickte verstehend.

Wütend trat ich gegen einen Grasbüschel der vor mir wuchs. Auf der einen Seite fand ich es im nach hinein gut, dass sie nichts Offizielles haben wollte, so konnte ich ihr immer nah sein, egal wo. Auf der anderen Seite wusste ich, wenn ich an diesen Ort zurück kehren würde, dass sie da wäre.

"Es tut uns leid, Neill.", empfingen mich die Jungs. Leise nickte ich und ließ mich erschöpft auf die Couch fallen.
"Konntest du ihr wenigstens das Buch geben?", fragte James vorsichtig.
Verneinend schüttelte ich den Kopf.
"Weil du nicht mehr die Gelegenheit dazu hattest?", hakte Zack nach.
"Nein, weil es mit den Briefen das Einzige ist, was mir von ihr geblieben ist."

Mein Blick fiel auf eine Pusteblume. Mit einem leichten Lächeln pflückte ich sie und ließ ihre Samen im Wind tanzen. Genau wie mit Mailey am Strand vor ein paar Wochen wirbelten sie durch die Luft auf der Such nach ihrem neuen Platz.
"Ach hier bist du.", hörte ich Grammys Stimme von hinten.
Ich drehte mich in dem Pavillon um und blickte der älteren Frau entgegen.
"Mailey hat diesen Platz geliebt."
"Ich weiß. Sie hat mir davon erzählt."
Heute war ich das letzte Mal bei den Bennetts nach Mays Tod gewesen, denn als Nächstes würden wir nach Amerika fliegen.
"Sie fehlt mir.", sagte ich leise.
Grammy nickte verstehend. "Mir auch Neill, mir auch."

Gemeinsam blickten wir auf das Meer hinaus. "Weißt du Neill.", fing sie an. "Oft lohnt es sich den Blick nach vorn gerichtet zu halten und nicht aufzugeben."
Fragend sah ich sie an. "Wie meinst du das?"
"Wenn Menschen gehen, kann es sein, dass sie auf andere Weise weiter leben."
"Ja, aber ich glaube nicht an sowas.", antwortete ich.
"Ich auch nicht. Denk aber mal drüber nach." Mit diesen Worten ließ sie mich wieder allein und ging ins Haus zu Bailey. Auf andere Weise weiterleben...May lebte für mich. In meinen Erinnerungen, an dieses stur sinnige, schöne und verrückte Mädchen musste ich lächeln.
"Ich liebe dich!", sagte ich ein letztes Mal und der Wind nahm meine Worte mit sich, um sie fortzutragen und mir wurde bewusst: im Leben kann es manchmal Schlag auf Schlag gehen, nach der Sonne folgt der Regen und alles was einem blieb, waren die Momente, welche man tief in seinem Herzen aufbewahrt hatte.

Danksagung

Hallo meine Lieben,

Ich möchte mich bedanken, dass ihr euch die Zeit genommen habt mein Buch zu lesen und ich hoffe, dass euch die Geschichte von Nay gefallen hat. Nay ist übrigens der Shipname von Neill und May, der sich aus Neills Anfangsbuchstaben und Mays letzten beiden zusammen setzt.

Wie auch beim letzten Mal bekommt mein Dad wieder ein großes Dankeschön. Du hast wirklich viel Zeit in das Korrektur lesen gesteckt und die Fehler, oder Kommas die fehlen schenken wir euch:)
Zum anderen liegt mir diesmal ein dickes Danke an meine Nayer auf dem Herzen. Dank euch, ist die Geschichte zu dem geworden, was sie ist. Ihr habt mich schon beim ersten Teil, sowie bei diesem immer und immer wieder ermutigt und gefragt, wann denn ein neues Kapitel kommt. Ich weiß noch ganz genau, wie fassungslos ihr wart, nachdem ich den Epilog veröffentlicht hatte. Eure Kommentare dazu waren einzigartig gewesen! Aber ihr wisst ja, es ist eine Trilogie und von daher hattet ihr euch wieder bisschen beruhigt:)
Also nochmal danke, danke, danke an euch! Ich nehme es gar nicht für selbstverständlich, dass ihr meine Bücher lest, sie gekauft habt oder mich so unterstützt!
Ihr seid die Besten<3
#NayLiveForever

Eure Lena, alias Shelly